앞으로의 라이프스타일 2

일하는 자부심과

일상의 기쁨을 위한

앞으로의 라이프스타일

한스미디어

2

제2의 인생을

빛나게 해줄

집 · 옷 · 미용 · 음식 · 꽃

육아 혹은 일에 치이며 정신없이 달려온 20대, 30대, 40대.
온갖 '해야 할 일'들에 쫓기면서
'나만의 시간을 갖고 싶다'고 늘 바라왔던 나날들.
그런데 어느 날 문득 그런 시간들이 갑자기 삶 속으로 훅 치고 들어와
'이제부터 어떻게 살아야 하지?' 하고,
갈피를 잡지 못하게 되는 사람들이 꽤 있는 것 같아요.
아니면 여기까지 온 자신을 새삼스레 놀아보며
'나다운 라이프스타일이 뭘까?' 하는 질문에 맞닥뜨리는 사람도 있을 테지요.

이 책은 그러한 여성들이
앞으로의 생활을 좀 더 풍요롭게 살아갈 수 있도록
'주거', '멋', '건강과 미용', '음식', '꽃'이라는
다섯 가지 전문 분야에서 현재 맹활약 중인
40대부터 60대에 이르는 여성 5인방의
라이프스타일을 취재해 담았습니다.

이시무라 유키코 씨에게서는 집 안을 정리하면서
매력적인 물건들과 함께 살아가는 기쁨을 배웠습니다.
그녀의 마음을 강하게 움직이는 원동력은 바로 '꿈'을 꾸는 힘,
그리고 다른 사람의 행복을 자신의 기쁨으로
연결지을 수 있는 '인간력(人間力)'.

이누바시리 히사노 씨에게서는 나이 들어 멋을 낼 때 주의할 점과
보다 아름답게 옷 입는 요령을 전수받았습니다.
자칫 보수적이 되기 쉬운 옷차림에 새로운 활력을 불어넣는 비결은
바로 코디를 즐기는 마음가짐입니다.

시마다 스미코 씨에게 배운 것은 아름다움과 건강의 상관관계입니다.
동양의학에서 배운 지혜를 살리면서
몸과 마음을 온화하게 지키는 방법을 여쭤보았어요.

오하라 치즈루 씨는 그녀가 생각하는 가정식의 기본을 짚어가며
음식 만드는 기쁨과 과정의 중요성에 대해 생생하게 들려주었습니다.

다니 마사코 씨에게서는 꽃이 가진 힘과 그에 따른 기쁨을 배웠습니다.
매력적인 꽃을 키우기 위해서는 마음과 몸을 정리해야 한다는 것도 알려주었습니다.

이 책에 나오는 5명의 여성들은 하나같이 허세 없는 평범한 한 사람으로서
무리하게 자신을 억누르지 않고
있는 그대로의 자신을 받아들이는 모습이 인상적이었습니다.

무엇보다 '일단은 즐기세요!' 라는 마음 그 자체가
매일매일을 풍요롭게 채우는 원동력이 되고 있다는 것이
너무도 마음에 와 닿았습니다.
그 대상이 무엇이든, 진심으로 '즐겁다'고 느낄 수 있다는 것.
그 안에 '나답게 살아갈 앞으로의 라이프스타일'의 힌트가 숨어 있지 않을까요.

각자 서로 다른 영역에서 들려준 여러 에피소드에는
지금 당장 따라해볼 만한 조언부터 시작해,
바로 시도해보기는 어렵지만 조금씩 조금씩
도전해보고 싶은 아이디어에 이르기까지
일상을 풍요롭게 해줄 지혜가 가득 들어 있습니다.

자신의 인생을 앞으로도 후회 없이 살아나갈 수 있도록,
조금씩, 그리고 한 걸음씩 더 성숙한 여성에 가까워질 수 있도록.
여러 시사점을 전해주는 그녀들의 이야기가
여러분들이 무언가를 향해 첫 걸음을 떼는 계기가 된다면……
더 바랄 나위가 없겠습니다.

· CONTENTS ·

Living

Ishimura Yukiko

이
시
무
라

유
키
코

Profile

1952'년생. 갤러리아 편집숍 오너. 1984년 나라 시에 카페 겸 잡화점 '호두나무'를 열었다. 1994년에 카페 '호두나무 필데이즈(Fielddays)', 2004년에는 게스트하우스, 레스토랑, 갤러리가 딸린 '가을 대숲'을 시작했다. 2015년에 관광안내시설, 식당, 카페를 합친 복합공간 '사슴의 배', 2016년에는 도쿄 시로가네다이에 있는 나라 현 안테나숍 '시간의 숲' 안에 있는 'LIVRER'의 감독 및 운영을 맡았다. 많은 저서를 통해 센스가 넘치는 살림과 생활을 전하고 있다.

Fashion

이
누
바
시
리

히
사
노

Hisano Inubashiri

Profile

1956년생. 문화여자전문대학교 의복전공과를 졸업한 후, SUN디자인연구소에 입사했다. 패션쇼의 스타일리스트로 국내외 유명 디자이너의 쇼 제작을 맡아오다. 1985년 프리랜서 스타일리스트로 독립했다. 여배우들의 스타일링을 시작으로 패션 전반의 광고, 여성 패션잡지 스타일링, 패션에 관한 세미나, 토크쇼 등 폭넓게 활동하고 있다. 저서로《어른의 멋 에센스 : 예쁜 파란색은 당신을 5살 어려 보이게 한다》가 있다.

12

Beauty

시
마
다

스
미
코

Sumiko Shimada

Profile

1966년생. 침구원과 피부미용 살롱을 거쳐 시세이도 뷰티사이언스 연구소에서 근무했다. 2006년 도내에 살롱을 열고 원장을 맡았다. 그 후 중국 전통 민간요법을 독자적으로 응용한 '시마다식 캇사'를 개발하고 '일본캇사협회'를 설립했다. 2014년 기타가마쿠라에 커피숍 '기류LABO'를 오픈하고, 동양의학을 중심으로 생활 전반을 프로듀싱하고 있다. 저서로 《캇사마사지》, 《온(溫)캇사스틱 맥 테라피》 외 다수가 있다.

Eating

오
하
라

치
즈
루

Chizuru Oohara

Profile

1965년생. 교토 하나세에 있는 요리 료칸 '미야마소(美山莊)'의 둘째딸로
태어나 어렸을 때부터 가업을 도우며 요리 실력을 갈고 닦았다. 결혼 후
교토시 나카교구에 자리를 잡고 2남 1녀를 키우면서, 요리사로서 활동을
시작했다. 각지에서 여는 요리교실, TV방송과 잡지, 레시피 제안 서적,
NHK BS프리미엄채널 드라마 〈교토 사람의 비밀스런 즐거움〉의 요리
감수 등 폭넓은 활동을 이어가고 있다. 저서로 《교토의 밤: 잘 먹었습니
다》, 《식어도 맛있는 일본 집반찬》 외 다수가 있다.

Flower

Tani Masako

다
니
마
사
코

Profile

1966년생. 꽃꽂이 작가. 5살 때부터 꽃꽂이를 배웠고, 그 후 작가인 구디 사키 노보루 씨, 하마다 요시야 씨를 사사했다. 1986년 'Atelier doux.ce'를 설립했다. 3남 1녀를 키우면서 인테리어숍 'TIME & STYLE RESI-DENCE'를 시작으로 전국 각지에 있는 숍의 플라워 스타일링, 웨딩 프로듀스, 잡지 연재 등을 하며 활동 중이다. 한 달에 한 번 도쿄 메구로구에 있는 아틀리에에서 '꽃을 즐기는 모임'을 연다. 저서로 《꽃꽂이 안내》가 있다.

집

Living

Chapter 01.

Living

이
시
무
라

유
키
코

Ishimura Yukiko

카페나 라이프스타일숍 같은 단어가 정착하기도 전에 이미 나라 현에서
카페 겸 잡화점 '호두나무'를 운영한 이시무라 씨. 지방인데다 교통도
불편한 이곳은 생활을 소중히 여기는 사람들 사이에서 마치 기적처럼
특별한 공간이 되었다. 문을 연 지 31년을 넘긴 지금도 이시무라 씨는
새로운 '꿈'을 향해 멈추지 않고 달리고 있다.

'호두나무'를 오픈한 것은 1984년 7월, 제가 서른 살이던 때였습니다. 그때까지 나라 현에는 여성들이 편하게 들러서 느긋하게 차를 마시거나 케이크를 먹거나 할 수 있는 가게가 거의 없었어요. 가게를 연 곳은 관광지도 아니고, 역과도 멀리 떨어진 장소인데다 저 역시 가게를 운영해본 경험이 거의 없는 상태였지요. "이런 장소에서 가게가 되겠어?" 하고 반대한 사람들도 많았고, 오픈 직후 손님도 뜨문뜨문해 매상이 잘 오르지 않았는데 건강은 건강대로 나빠질 만큼 무리를 해서, 참 힘든 시설이었어요. 출구가 보이지 않는 기분에 한없이 빠져드는 것 같았던 어느 날의 기억이 지금도 생생하게 남아 있습니다.

그래도 어렸을 때부터 할아버지께 들었던 "참고 견디면 복이 온다"는 말을 되새기면서, "지금 내가 할 수 있는 일은 뭐든지 하자" 하며 고심하는 동안 조금씩 상황이 달라지기 시작했습니다. 손님들의 요구를 반영해 케이크와 런치 메뉴를 보강했어요. 부담이 적은 가격에 질 좋은 상품을 찾아서 디스플레이에도 공을 들였고요. 가게에 있는 동안만큼은 누구나 편하게 쉴 수 있도록 제철 꽃을 꽂아두고 청소도 철저하게 했습니다. 이런 식으로 차근차근 해나가는 동안 조금씩 손님들이 늘어나기 시작했습니다. 그렇게 가게를 찾아준 손님들 덕분에 어찌어찌 30여 년을 이렇게 달려올 수 있었습니다.

예전부터 저는 '이러이러한 게 좋아', '이러이러한 게 갖고 싶어', '이런 장소로 만들고 싶어' 하는 것들을 자주 생각하곤 하는 사람이었어요. '호두나무'도, 1994년에 오픈한 '호두나무 필데이즈점'(한정 기한으로 임대한 토지였던 까닭에 2007년에 폐점했습니다)도, 2004년에 문을 연 호텔·레스토링·갤러리·숍의 복합공간 '가을 대숲'도 모두 그 땅을 봤을 때 '나라면 이 자리에 이런 공간을 만들 텐데' 하는 강한 마음이 출발점이었습니다. 떠오르는 이미지가 명확할수록 해보자는 결정도, 눈에 보이는 형태로 실현하는 것도 빨라졌습니다.

저는 '마당에 핀 꽃을 내일 마음에 드는 꽃병에 꽂고 싶다', '가게 벽에 새 선반을 달고 싶다' 같은 소소한 일상이나 업무상 아이디어도 모두 어엿한 '꿈'이라 생각합니다. 밤에 침대에 누워 그러한 생각들을 해보고 있으면 가슴이 두근두근하며 내일이 오는 것이 기다려집니다. 그런 '꿈'들이 내일을 살아가게 하는 원동력이 됩니다. 가게의 이미지는 그런 '꿈'의 집약체입니다. 그렇게 저는 (이것은 제 책의 제목이기도 한데요) '한창 꿈꾸는 것에 몰두해 있다가' 정신을 차려 보니 지금 이 자리까지 오게 되었습니다.

눈에 보이지 않는 곳부터 정리와 청소를

생활용품을 취급하는 가게를 하고 있어서일까요. 저희 집으로도 잡지나 서적 등에서 인테리어를 취재하러 많이 오곤 합니다. 그런 제안을 받으면 아무래도 실례가 되지 않도록 준비 삼아 청소를 하게 되는데, 저는 일단 수납 선반 안쪽처럼 밖에서 보이지 않는 부분부터 정리를 합니다. 설령 선반 안쪽을 촬영하는 일이 없어도, 그렇게 해두면 기분도 좋아지고 신기하게도 방 전체의 공기가 달라진답니다. 그리고 저 자신에 대해서도 '착실히 다 해뒀으니 괜찮다'는 자신감 같은 것이 분명히 생겨납니다.

이는 '책상을 제대로 정리해두면 작업 효율이 높아지고 일에도 자신감이 생긴다'는 말과 비슷한 의미일 거예요. 그리고 보면 냉장고도 열어볼 때마다 유통기한이 지난 식재료는 없는지, 더럽거나 흐트러진 선반은 없는지 무의식적으로 확인하고 고쳐놓게 됩니다. 식재료들도 마치 디스플레이하듯이 보기 좋게 놓는 방법을 고민한답니다. 남들이 볼 리도 없지만, 그렇게 해두면 넣고 꺼내기도 쉽고 요리도 수월하게 할 수 있게 됩니다.

거실에 있는 식기 선반 문을 열면
숍의 디스플레이처럼 안쪽까지
정리되어 있다. 큰 접시를 트레이로
활용해 작은 접시 종류를 담아두거나
동물 오브제로 장식 효과를 내거나
하는 소소한 아이디어들을 엿볼 수
있다.

일주일에 한 번은 집에서 직원들과 회의를
하므로, 앞접시나 컵 종류를 항상 꺼내기
쉬운 위치에 놓아둔다. 이렇게 놓아두면
준비도 정리도 수월해진다.

'수납'은 요리에 있어서 '사전 준비' 작업과 비슷하지 않을까요. 착실히 크기를 맞춰 재료를 손질하고, 미리 데치거나 소금을 쳐서 밑간을 하는 등의 준비 작업 말이에요. 그렇게 사전 준비를 제대로 해놓으면 요리가 더 맛있어지는 것처럼, 수납을 제대로 해두면 매력적인 인테리어를 할 수 있게 된다고 생각합니다. 많은 물건들을 '놓아둬야 할 자리'에 놓아두는 것이야말로, 꾸미는 것들을 제대로 살리는 길이라 생각합니다.

문이 달린 식기 선반에는 나무 커틀러리를 담은 유리병을 넣어두거나, 목제 얼룩말 조각상이나 짚으로 세공한 말을 유리잔에 넣어두는 등 이것저것 생각해보며 문을 열었을 때 제 기분이 좋아지는 수납을 시도해봅니다. 수납이라 하면 얼마나 효율적으로 많은 것을 담을 것인가에 온 신경을 다 쓰는 분들도 있으시겠지만, 저는 적당히 여백을 두어서 물건을 넣고 꺼내기 수월한 공간을 만드는 것을 최우선으로 하고 있습니다. 그렇게 하면 물건들도 편해 보일 뿐 아니라 '물건을 깔끔하게 넣자', '항상 예쁘게 정리하자' 하는 마음도 더 생겨나지 않을까요?

한편 눈에 항상 들어오는 오픈 선반에 물건을 올려둘 때는 흰 그릇, 나무 그릇, 유리잔 등 같은 소재나 카테고리별로 신경을 써서 모아둡니다. 그렇게 하면 많이 넣어도 깔끔하게 정리가 되고, 보기에도 산만하지 않습니다. 또 거실에는 '차 세트', '커피 세트', '앞접시', '식기 세트' 등을 각각 모아두어, 저희 집을 찾아온 손님들이며 직원들도 손쉽게 찾아 쓸 수 있게 했습니다. 그대로 테이블로 들고 가면 되도록, 트레이 같은 데에 올려두는 것이 포인트랍니다.

젊었을 때는 집에 찾아오는 사람이 많기도 했고, 이래저래 '보이는 것'을 의식한 인테리어를 좋아하던 시기도 있었습니다. 그때는 그때대로 굉장히 즐겁게 누렸다고 생각하지만, 점점 나이를 먹어가면서 그 공간에 살고 있는 우리가 가장 마음 편한 것이 무엇보다 소중해졌습니다. 그리고 누구에게도 보이지 않는 공간을 멋지고 쾌적하게 정리해두는 것이야말로 제 마음의 여유와 연결된다고 생각하게 되었습니다.

현관을 들어서면 바로 나오는 길고 좁은 공간이
이시무라 씨의 작업실 겸 준비실이다. 집에 돌아오면
가방에 들어있던 것들을 모두 꺼내서, 다음 날 다시 가지고
나갈 것들을 이런 식으로 늘어놓는다. 가방에 들어가는
것들에도 이시무라 씨다운 통일감이 느껴진다.

어떤 공간이든 정리할 수 있다

젊었을 때 서서 하는 일을 한 것이 무리가 되어, 꽤 오랫동안 다리가 아팠습니다. 그 후로 장거리를 걷기가 힘들어져 줄곧 답답한 마음이 있었습니다. 그러다 2년 전, 홋카이도에 괜찮은 병원이 있다는 말에 "근본적인 치료를 하자!" 하고 9일 동안 입원해 수술과 재활 치료를 받았습니다. 난생 처음 겪는 일이었습니다.

30년 이상 일에 매달려 있다가, 이런 느긋한 시간을 가지게 된 건 정말 오랜만이었습니다. 여느 병실처럼 썰렁한 공간에 꽃도 장식해보고, 수건이나 식사 때 필요한 도구 같은 것들을 나름대로 궁리해서 정리해두었습니다. 그랬더니 회진을 돌던 간호사나 의사들이 "이렇게 멋지게 꾸며놓으니 기분이 좋아지네요" 하고 칭찬을 해주는 거예요. 늘 집이나 가게에서 별 생각 없이 하던 것들을 똑같이 했을 뿐인데, 뭔가 그런 말을 들으니 정말 기뻤습니다. 입원은 아무래도 사람을 우울하게 만드는 면이 있는데, 주변을 깔끔하게 정리해두는 것만으로도 기분이 조금 더 가벼워지더군요.

어린 시절, 교사였던 부모님 두 분이 모두 일하시는 동안 저는 집에서 오랜 시간을 할머니와 함께 보냈습니다. 요리며 접대의 달인이셨던 할머니는 밭에서 키운 채소와 마당의 나무에서 딴 과일을 가지고 언제나 바지런히 손을 놀려 무언가를 만드셨습니다. 그 모습이 참 멋져 보였어요. 요리하려고 손질해둔 채소가 접시에 나란히 놓여있는 모습도 보기 좋았고, 완성된 음식을 담아놓을 때도 마당의 나무에서 딴 잎을 곁들여 장식하는 등 늘 신경을 쓰셨답니다. 그때마다 "할머니, 대단해요!" 하고, 어린아이인 저는 잔뜩 흥분했지요. 그런 저를 보며 할머니는 "유키 짱, 예쁘지? 눈이 즐겁지?" 하고, 기분 좋은 미소를 지어 보이셨습니다. '예쁜 것은 눈이 즐겁다' 이것이 어린 제 마음에 깊이 새겨진 가치관입니다.

살다 보면 이런 일도 있고 저런 일도 있는 만큼, 몸이 힘들어지거나 마음이 우울해져 집 안 전체를 정리하기가 어려울 때도 많습니다. 그럴 때도, 예를 들어 식기 선반 안쪽이나 책상 위처럼 손이 닿는 작은 범위만이라도 깔끔하게 정리하려 노력해보면 어떨까요? 그렇게만 해도 자신의 눈이 즐거워져 조금이라도 기분이 나아질지 모릅니다. 그리고 그 작은 공간이 생활을 다시 바로세우는 계기가 될 수도 있습니다.

정리는 '좋은 빈틈'을 만드는 것

정리는 대체 무엇을 위해 하는 것일까요? 정리를 하면 동선이 편해져 집안일이나
업무가 수월해집니다. 움직임이 자연스럽게 흘러가면 공간이 쾌적해지고, 쾌적하
면 무엇을 하든 즐겁고 효율이 높아집니다. 여기에 기분이 좋아지면 다시 정리가
하기 쉬워지는……. 이러한 '선순환'이 생겨납니다. 저는 이 '좋은 연결고리'를 만
들어내는 첫걸음이 바로 정리와 정돈, 청소라고 생각합니다.

이렇게 말은 잘 하지만, 저 역시 결코 청소를 '철저히 하는 타입'이 못 됩니다. 매일
아침 일찍 집에서 나와 가게를 돌며 직원들 및 거래처와 회의를 하고, 출장도 종종
가는데다, 집에서는 요리며 빨래 같은 집안일에 쫓기는 주부로 살고 있어 모든 일
을 완벽하게 하기란 애초에 불가능합니다. 그래서 '이렇게 해둬야만 한다'고 스스
로 자신을 몰아세워 힘들게 만드는 일만큼은 절대로 하지 않으려 노력하고 있어요.
집안일도 가능한 한 '이렇게 하면 내가 즐겁다', '기분이 좋아진다'는 마음으로 동
기 부여를 하려 합니다. 아무리 바빠도 깔끔하게 정리해두는 편이 기분 좋으니까요.

저희 직원들을 보면서도 자주 생각합니다. '어린 자녀를 키우면서 살림을 꾸려가는 엄마들은 정말 대단하구나' 육아로 바쁜 시기에는 집 안을 정리하거나 인테리어에 신경 쓰는 일이 아무래도 뒷전이 되기 마련이지요. 하지만 그 시기라면 그래도 괜찮지 않나요? 육아만큼 중요한 일은 없으니까요. 그렇지만 바쁜 시기를 지나 자신만의 시간이 조금이라도 생긴다면, 이번엔 자기 자신을 위해 조금씩 방 정리를 시작해보면 어떨까요?

저는 정리란 '좋은 빈틈을 만드는 것'이라 생각하고 있습니다. 무슨 일이든 여백이 중요합니다. 그리고 그렇게 정리한 빈틈에 '신'이 들어와 준다고 저는 생각합니다. 절이며 신사가 가까이 있는 고장인 나라에 살고 있다 보니 저절로 이렇게 생각하게 된 것일지도 모르겠습니다. 주변을 둘러보면, 친하게 지내는 요리연구가 분이나 수공예 작가 분 중에는 정말로 '깔끔한 것'을 좋아하는 분들이 많습니다. 그렇게 깔끔함을 좋아하고 정리정돈을 잘하는 지인들은 모두 '운도 좋은' 것처럼 보입니다. 청소와 정리정돈을 하면 좋은 기운이 모인다고들 하는데, 자신이 정리한 공간에 '내 물건을 지켜주는 행운의 신이 머문다'라는 식으로 생각할 수 있다면 청소와 정리정돈에 대한 의욕이 생겨나지 않나요? 아침에 일어나서 '청소하고 싶다', '정리하고 싶다'는 기분이 든다면, 이미 마법에 걸린 겁니다.

계단 옆의 벽은 마음에 드는 물건들을 장식해두는
디스플레이 공간으로 활용하고 있다. 소파에 앉아서
한숨을 돌릴 때면 눈에 딱 들어오는 공간이다.
지인이 보내준 그림엽서나 전단지를 마스킹테이프로
붙여 인테리어에 포인트를 준다.

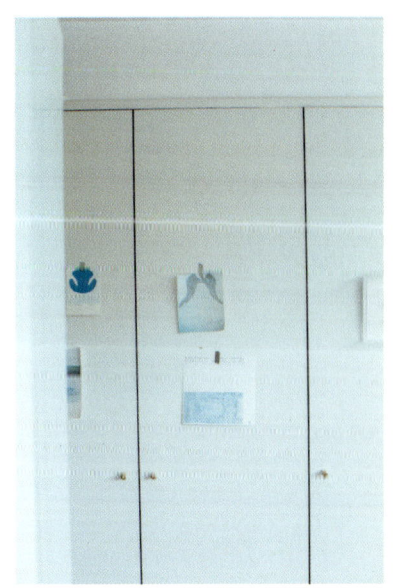

'단사리'는 정말 필요할까?

최근 몇 년간 '단사리'(斷捨離, 필요 없는 것을 들이지 않도록 끊고[斷], 주변에 있는 필요 없는 것들을 버리고[捨], 물건에 대한 집착에서 떠난다[離]는 뜻으로 소유와 소비에서 벗어나 쾌적하게 살아가고자 하는 삶의 방식을 말한다.-역주)라는 단어가 완전히 정착한 듯합니다. 쓰지 않는 물건을 손에서 놓아버리고 새 바람을 불어넣는 것은 매우 좋은 일이라 생각합니다. 그렇지만 그 단어에는 이것저것 다 놓아버려도 '정말 괜찮은가?' 하고 고개를 갸웃하게 되는 부분이 있습니다.

그릇을 예로 들어볼까요. 제가 그릇에 관심을 갖게 된 것은 고등학생 때부터입니다. 그때부터 40여 년 동안이나 사 모았더니, 지금은 식기 선반에 다 들어가지 않을 정도로 그릇 수가 많아졌습니다. '슬슬 처분을 좀 하는 게 좋을까?' 하고 종종 다 끄집어내보기도 하지만, 그 그릇에 얽힌 각종 추억이 떠올라서 선반에 도로 넣어놓게 됩니다. 과장이 아니라 그릇 하나하나마다 그것을 어떻게 만나게 되었는지 떠올리게 되거든요.

물건은 단순한 물건이 아니라, 물질이면서 동시에 '무언가'를 전해주는 것이라 생각합니다. 마음에 드는 물건을 만났을 때의 감탄과 기쁨, 그것을 손에 넣어 테이블 위에 올려두었을 때의 즐거운 추억. 이런 것들을 간단히 손에서 놓아버린다는 것은 뭔가 '인생의 깊이'를 없애버리는 느낌이 들어 조금 쓸쓸해집니다.

곁에 있는 물건에 애정을 가지고 사용하거나, 적절한 자리에 수납해두거나, 장식용으로 쓰면서 새 생명을 불어넣어주고 있다면, 물건은 얼마든지 갖고 있어도 좋다고 저는 생각합니다. 얼마나 많은 물건에 애정을 갖느냐는 사람마다 다르겠지요. 각각 자신에게 맞는 수만큼 곁에 남겨두면 되는 겁니다. 그래도 만약 '물건을 줄여서 쾌적하게 살고 싶다'는 생각이 든다면 한 번에 싹 버리지 말고 우선은 분류를 한 다음, 잠시 그대로 두고 판단을 하는 식으로 단계를 밟는 편이 좋지 않을까 싶어요.

참고로 저는 직업상, 가게에서 취급하는 물건들의 사용감이나 편리하게 쓰는 방법들을 체감하기 위해 매일 다양한 물건들을 써본답니다. 손님들과 같은 마음이 되어야 비로소 '이것이 적정 가격인가', '어떤 부분이 매력적인가'를 분석할 수 있게 된다고 믿습니다. 그렇게 직접 써본 물건들 중 몇몇 개는 상자나 바구니에 따로 넣어두었다가 연말 송년회 때 직원들에게 나눠주기도 합니다. 젊은 사람들도 여러 가지 '좋은 것'들을 접하며 보는 눈을 갈고 닦았으면 좋겠다는 마음 때문입니다.

물론 '물건에 집착하지 않는 행복'을 선택한 분도 있겠지요. 그것은 그것대로, 아주 멋지다고 생각합니다. 그렇지만 저는 '물건과 부대끼는 행복', '물건에 애정을 주는 행복'을 선택했습니다. 좋고 나쁜 문제가 아니라, 어느 쪽을 선택할지의 문제라고 생각합니다.

분주한 하루를 마무리 짓는 저녁 반주 시간은 '오늘은 어떤 것으로 할까?'
하고 마음에 드는 술잔을 고르는 것부터 시작한다.
이 '선택의 재미'도 일상의 중요한 요소로, 소중한 보물 같은 순간이다.
왼쪽은 차가운 술, 오른쪽은 따끈하게 데운 술을 마실 때 쓴다.

직원들에게 나누어줄 것들이나 벼룩시장에 낼 것들은
바구니 같은 데 넣어서 따로 놓아둔다. 곁에 두는 것은
소중하게, 손에서 놓아버릴 것은 재빨리 새 사람에게
넘겨준다. 순환시킬수록 물건도 생명을 얻는다.

이날 거실장 위에는 금속공예가 하세가와 마미 씨의
작품이 물과 소금 접시, 꽃과 함께 놓여 있었다.
곁을 지나칠 때마다 한 번씩 만져보고, 바라보고,
다시 놓아둔다. 이시무라 씨가 물건을 접하는
방식을 보면 '애지중지한다'는 표현이 잘 어울린다.

'제단'처럼 디스플레이하기

여행지에서 사온 기념품들, 가게에 들렀다가 한눈에 반해서 사온 그릇과 도구들. 우리 집에 오게 된 그 물건들을 수납하기 전에, '항상 눈에 띄는 자리'에 잠시 장식해 두는 것이 제 습관입니다. 백중날(음력 7월 15일)이나 연말에 손님들이 선물을 주시면 보통은 일단 불단이나 집 안 제단 위에 놓았다가 포장을 풀지 않나요? 그와 비슷한 느낌이라 보면 됩니다.

우리 집에서 그러한 역할을 하는 자리는 거실에 둔 덴마크산 거실장 위입니다. 집에 들어와 현관에서 주방으로 갈 때라든지 1층에서 2층으로 올라갈 때 등 일상에서 필수적으로 그 앞을 지나치게 되므로 자연스럽게 늘 눈이 닿습니다. '역시 마음에 들어. 잘 샀네', '정말 모양이 예쁘네' 같은 생각을 하면서 물건들에 대해서 자연스레 감탄하는 마음을 갖게 됩니다. 신기하게도 시간이 조금 지나면 물건이 집 안 공기에 녹아들어 늘 쓰고 있던 것들 옆에 두어도 분위기가 잘 어우러집니다. 그렇게 순조롭게 우리 집의 일원이 됩니다. 다른 사람이 보기에는 전혀 의미 없는 행동일지도 모르지만, 정해진 자리가 있다는 것은 저에게 새롭게 만난 물건에 애정을 갖게 해주는 중요한 의식이랍니다.

마당의 은총을 누리기

온통 논과 밭으로 둘러싸인 시코쿠 다카마쓰의 풍부한 자연 환경 속에서 자라온 저에게 풀이나 꽃과 함께 살아가는 것은 지극히 당연한 일이었습니다. 아침형 인간인 저는 매일 새벽 4시에서 5시 사이에 일어나, 비가 오지만 않으면 밖으로 나가 마당 손질을 하는 것으로 하루를 시작합니다. 길고 좁은 마당이지만 블루베리며 으름덩굴 같은 과실나무와 아름다운 꽃을 피우는 들장미, 참회나무, 크리스마스 로즈 등 좋아하는 식물들을 심어 일 년 내내 즐길 수 있도록 해두었답니다. 그래서 저희 집과 가게의 인테리어에는 꽃과 풀이 빠지는 법이 없습니다. 꽃과 풀을 잘 꽂아두는 요령은 '너무 많이 손대지 않는 것'이라고 할까요. 자연 속에서 저절로 피어나는 꽃이 좋아서, 그것을 꺾어 장식할 때는 그 자리에 피어 있는 것처럼 자연스럽게 꽂으려 신경을 씁니다.

하나 더, 저에게는 식물과 함께할 수 있는 장소가 있습니다. 바로 부지 면적이 1000평 정도 되는 '가을 대숲'입니다. 원래는 갤러리가 딸린 펜션이 있던 자리였습니다. 근처에 기예(技藝)를 수호한다는 천녀 '기예천'을 기리는 절인 '추소(가을 대나무)사'가 있는 높은 건물로, 온통 푸릇푸릇한 조릿대나무 숲에 둘러싸여 고요하고 성스러운 분위기가 풍기는 것이 매력적입니다. 운 좋게 인연이 닿아 2004년 칠석날에 '가을 대숲'이 탄생하게 되었습니다.

'가을 대숲'의 인테리어에 빠지지 않는 것은 '과일주'이다. 자연의
재료에서 뽑아 낸 아름다운 색깔들이 눈으로 보기에도 곱다.
(뒤 페이지) 담쟁이덩굴이 창가를 타고 올라가는 풍경은 30년째
변하지 않는 '호두나무'의 풍경이다. 가을에는 날이 갈수록 빨갛게
물들어간다.

오래된 일본산 유리병이
마음에 들어서, 꽃병으로도
자주 활용한다. 꽃을 꽂을
때는 특별한 규칙 없이,
자연 속에 피어 있는
그대로의 모습을
생각하며 꽂는다.

화려한 꽃보다도 들에 핀 소박한 꽃과 풀들이
마음 편하고 안심이 된다는 이시무라 씨.
서양식 공간인 방에 일본적인 정서를 곁들인다.

당시 저는 쉰을 넘긴 나이였습니다. 설마하니 그 나이에 새로운 일과의 만남이 있을 거라고는 생각지도 못했답니다. 그렇지만 이곳의 토지를 바라보고 있으면 '녹음에 둘러싸인 고즈넉한 공간에 작은 호텔이 있으면 좋을 텐데', '전망이 끝내주는 커다란 창문을 살려서 레스토랑으로 만들면 멋지겠다' 하고 차례차례 이미지가 떠오르는 겁니다. 이 공간이 가진 힘을 살려서 어디에도 없는, 기분 좋은 공간을 만들고 싶다. 그런 생각을 하니 제 안에서부터 에너지가 솟아났습니다. '숲 만들기'는 완전히 무(無)에서부터 시작했습니다. 거의 매주 분재 가게에 가서 묘목을 구입해서는 차에 싣고 돌아와 저만의 방식으로 심는 일을 반복했습니다. 여름밀감, 블루베리, 카나덴시스 채진목(Amelanchier canadensis), 클레머티스(clematis), 서향……. 체력적으로 힘에 부치긴 했지만, 커다란 식물을 좋아하는 저는 완성된 숲을 상상하며 가슴이 마구 뛰었습니다. 첫 2~3년 동안은 손님들이 "숲은 어디 있어요?" 하고 묻는 통에 "여기가 조금 지나면 숲이 될 거예요……" 하고 고개를 숙이며 사과하는 나날이었지요. 5년쯤 지났을 때였을까요. 갑자기 '숲'이란 이름에 어울리는 풍경이 되어서, 지금은 방문해주시는 분들마다 "여기에 있으면 호흡이 깊어져요", "한 걸음 걸어 들어가는 순간 다른 세계가 펼쳐져요" 하고 좋아하며 얘기해주시는 정도가 되었습니다. 덕분에 집도 가게도, 다 누릴 수도 없을 정도의 커다란 녹음의 축복을 받게 되었답니다.

만든 이와의 오랜 사귐

'가을 대숲'에는 작가가 손으로 직접 만든 수공예품을 중심으로, 일상에 다가가는 생활용품을 전시하고 판매하는 갤러리 '닭의장풀'이 있습니다. 이 공간을 짓기 전에도 '호두나무'에서 생활공예가의 작품을 취급해왔고, 집 한쪽을 개방해 갤러리로 운영하기도 했었지요. 그 무렵 전국 각지에 흩어져있는 작가 분들의 공방을 몇 군데 방문해 작품이 탄생한 현장을 직접 보고, 만든 이와 인간적으로 교제하는 나날들을 보냈습니다.

그렇게 만난 분들과는 신기하게도 아직까지 변함없이 인연을 이어가고 있습니다. 아카기 아키토 씨, 우치다 코이치 씨, 안도 마사노부 씨, 미타니 류지 씨, 이와타 케이스케 씨, 오노 텟페이 씨, 쓰지 카즈미 씨……. 그중에는 '호두나무'를 시작한 때부터 30년 이상 만남을 이어온 분도 있습니다. 파란색으로 페인트칠한 의자가 대표적인 상징인 '호두나무' 간판은 개점 3년 무렵 미타니 씨가 만들어주신 거예요. 비가 오는 날에도, 바람 부는 날에도, 가게를 지켜주는 간판입니다.

저에게 있어 작품과 그것을 만든 사람은 동일하게 연결되므로, "아, 좋다" 하고 느
낀 작품을 만든 분은 예외 없이 그 인품도 매력적이어서 정말 좋아하게 된 분들입
니다. 함께 여러 해를 보내는 것을 기뻐하며 가족처럼 지내온 만큼, 진짜 친척처럼
가까운 기분이 듭니다. 그렇게 오랜 시간을 함께하다 보면 '아, 이런 것을 만들게 되
었구나', '지금은 물건에 대해 이런 생각을 하고 있구나' 같은 발견들이 생기고, 그
것이 또다시 신선한 기쁨이 됩니다.

여러분께도 혹시 '좋다' 하고 생각한 작가 분이 생겨서 그분의 개인전 등에 가보게
된다면 다음 해, 또 그다음 해를 거듭하며 계속해서 찾아가보는 것을 추천합니다.
그분의 무언가를 만드는 인생을 오랫동안 전체적인 그림으로 지켜본다고 생각하는
겁니다. 분명 물건을 보는 눈이 깊어지고, 무엇보다도 곁에 둔 작품에 대한 애착이
한층 강해질 거라 생각합니다.

작가 분과 이야기를 해보면 '지금의 나는 이런 것이 좋다', '이런 형태를 처음 만들
어봤다', '이 소재를 처음 써본다', 그리고 '이번 전시회에서는 이런 것을 봐줬으면
좋겠다' 같은 생각들이 있습니다. 만약 작가 분이 갤러리에 머무르는 날에 개인전
을 가게 된다면, 이런 생각들에 대해 직접 물어볼 좋은 기회가 될 테니 꼭 말을 걸
어보세요. 그 작가 분의 '지금'을 알 수 있다는 것은 정말 기쁜 일입니다 작가 분
이 계시지 않는 경우라도 갤러리 관계자에게 물어보면 분명 이런저런 이야기들을
들려주실 거예요.

나가노 현 마쓰모토 시에 사는 목공 디자이너
미타니 류지 씨의 작품이다. 오른쪽에 있는 것이
20년도 더 전에 구입한 졸참나무 바리때이다.
얼마 전에 똑같은 물건을 발견해서, 새것을 구입했다.
왼쪽이 최근에 구입한 옻 컵. 자꾸 사용할수록
정취가 묻어난다.

이시카와 현 가나자와 시에 사는 유리공예가
쓰지 카즈미 씨의 작품이다. 십여 년 전에
구입한 인기 시리즈 '호리호리'의
소주 잔(오른쪽)과 최근에 산 컬러유리
작품(왼쪽). "매번 진화하며 새로운 도전을
멈추지 않는 자세에 감동을 받습니다."

시간을 잘 쓸 수 있게 해주는 집안일 아이디어

저는 매일 아침 5시에 일어나 집안일이며 동물들을 보살핀 다음 7시가 되면 일단 '가을 대숲'으로 출근합니다. 그리고 직원들과 연락을 하고, 9시에 '호두나무'로 갑니다. 이곳에서 오전 중 많은 일들을 처리합니다. 집으로 돌아와 점심을 먹고, 오후에는 다시 '가을 대숲'에 가서 일을 하고, 저녁 7시 무렵에 퇴근합니다. 밤에도 회의나 회식 등으로 분주한 매일을 보내고 있기 때문에 집안일을 효율적으로 하는 방법을 늘 고심하지요.

"시간이 없어서 못했다" 이렇게 포기하는 일들도 물론 있겠지요. 그렇지만 그것을 핑계로 일을 조금씩 미루며 늦게 처리하다가 정말로 자신이 하고 싶었던 것을 놓치고 지나가게 되면 너무 안타까운 일이 아닐까요. 그래서 저는 항상 시간을 '역산'해서 계획을 세우고 일하려고 노력합니다. '오늘 오후 8시에는 정말 좋아하는 일본 주를 마시며 저녁을 먹는다', '열흘 후에는 가나자와에 출장을 가서 친구를 만난다' 같은 목표를 크든 작든 생각해둡니다. 그 목표 실현을 위해 그다음에 해야 하는 일들을 항상 염두에 두고, 조금이라도 일들을 앞당겨 처리하는 버릇을 들입니다. 오전 중에 점심과 저녁 식사에 쓸 채소를 전부 손질하거나 쪄서 용기에 담아둡니다. 한 번 밥을 지을 양만큼 쌀을 계량해서 각각 소분해 용기에 담아둡니다. 5분, 10분 같은 짧은 시간 안에도 소소한 집안일을 처리해둘 수 있습니다.

이렇게 분발한 끝에 일의 배분에도 능숙해져 조금이라도 여유가 생긴다면 그것은 '추가로 얻은 시간'입니다. 그 시간 동안은 마음껏 빈둥대거나 재미있게 보내며 스스로에게 상을 줍니다.

도저히 요리를 할 수 없을 때나, 요리를 하기 싫을 때는 반찬 가게에서 반찬을 구입해서 활용해도 된다고 생각해요. 그렇더라도 색깔이 예쁜 레몬 반 개나 허브를 살짝 곁들이거나, 마음에 드는 그릇에 보기 좋게 담거나 하는 식으로 '100퍼센트 사온 느낌'이 들지 않게 합니다. 그리고 평소에도 좋은 식재료에 신경을 써두는 것이 좋아요. 바빠서 요리를 할 수 없는 날일수록 '포장을 여는 것이 기분 좋은 일'이 될 수 있는 좋은 식재료가 있으면 좋답니다. 그러면 식사를 대충 해치웠다 싶은 찜찜함보다는 특별한 느낌이 더 들게 되고, 무엇보다 '좋았어, 오늘은 이것을 먹고 내일 좀 더 힘내보자!' 하는 계기가 되니까요.

겹쳐 쌓을 수 있는 투명한 밀폐용기에는 콩 종류를,
오래된 유리병이나 공예가의 유리그릇에는 과실주와 보존식품을 넣어둔다.
습기에 약한 도구들과 마늘 같은 것은 벽에 달아둔다.
주방용품은 심플하고 멋진 디자인과 실용성을 따져서 고른다.

이시무라 씨의 든든한 아군. 식재료에 곁들이면
무엇이든 그럴싸하게 완성해주는 조미료, 맛있는
카레 등은 늘 떨어지지 않게 준비해둔다.

이시무라 씨가 '시간이 없는 날에 하는 식사'로
정해둔 메뉴이다. 미리 만들어둔 카레를 활용하면서
오이지를 곁들이는 식으로 소소한 아이디어를
반영하는 것을 잊지 않는다.

다른 사람의 기쁨을 내 기쁨으로

'호두나무'에도 '가을 대숲'에도 저의 '작업용 책상' 같은 건 없습니다. 직원들과 회의를 할 때는 대개 개점 전이므로 손님들의 자리에 앉아서, 손님들과 같은 시선으로 가게 내부를 바라봅니다. 그 자리에 앉으면 여러 가지가 눈에 들어옵니다. 가게 안에 장식된 물건들과 식물들의 배치가 괜찮은가, 청소는 기분 좋게 잘 해두었는가, 직원들의 동선은 이대로 괜찮은가 등……. 항상 손님의 마음이 되어서 스스로 되묻는 과정을 되풀이합니다. 누군가에게 "이 일을 30년 넘게 계속해온 원동력은 무엇인가요?"라는 질문을 받으면 저는 결국 "손님들이 기뻐하는 얼굴을 보고 싶어서 해온 거예요"라고 대답합니다. 아무리 일이 어려워도, 몸이 힘들어도, 손님들의 "맛있었어요", "멋진 기분을 느끼게 해주셔서 감사합니다", "또 오고 싶어요" 같은 한마디가 있었기에 지금까지 힘내올 수 있었다고 생각해요.

제 인생을 되돌아보면 신기하게도 10년마다 한 번씩 고비가 있었습니다. 30대에 '호두나무'를 오픈하고, 40대에는 '호두나무 필데이즈점'을, 50대에 '가을 대숲'을 각각 열었습니다. 30년간 멈추지 않고 달려왔지만, 설마 예순이 되어서 또다시 새로운 도전을 하게 될 거라고는 정말이지 생각도 못했습니다.

매일 아침 출근하면 테이블에 앉은 이시무라 씨 앞에 신메뉴 시식이나 이벤트의 상세 사항 확인, 포스터와 전단지 디자인 체크 등으로 결재를 받으려는 직원들의 줄이 만들어진다.
업무적인 결정을 내릴 때는 항상 손님의 눈을 기준으로 한다.

'호두나무'를 막 시작했을 때 오셨던 손님이 아이나 손자를 데리고 다시 '호두나무'를 찾는 일들이 많다.
'이 가게는 내게 굉장히 특별한 장소'라고 생각해주는 분들이 전국 각지에 있다는 것은 이시무라 씨와
직원들의 끊임없는 노력과 열정이 빚어낸 결과일 터.

그 도전이란 2015년 11월에 고향인 나라 시에 문을 연 관광안내시설이자 식당, 카페, 숍을 겸한 복합공간인 '사슴의 배', 그리고 2016년 1월에 도쿄 시로카네다이에 생긴 나라 현 안테나숍(antenna shop) '시간의 숲' 안에 요리와 생활용품, 나라의 추천 상품을 소개하는 코너 'LIVRER'의 감독 및 운영을 시작한 것입니다. 최대한 많은 사람들에게 나라의 매력을 알리는 것이 목표로, 지금까지 저희들이 해온 일들에 비해서도 큰 시도였습니다. 이 두 가지 프로젝트를 시작한 것이 저에게는 또다시 큰 위험을 떠안은 결정이었던 것입니다.

그때까지 저는 단지 제 꿈을 실현하기 위해서 열심히 달려왔습니다. 하지만 예순을 넘긴 지금, '나를 받아들여주고 시금까지 지지해준 나라라는 고장을 생각하며 일해야 할 때가 아닐까?' 하는 생각이 들면서 마음이 쿵 울리더군요. 이 나이가 되어서 제가 깨닫게 된 것은, 다른 사람의 기쁨과 행복을 바라는 행동을 하면 결국에는 저 자신에게도 반드시 행복이 돌아온다는 것입니다. 행복이란 돌고 도는 것입니다. 누군가의 웃는 얼굴을 위해서 애쓸 수만 있다면 인간은 반드시 행복해지는 존재가 아닐까 생각합니다.

나의 행복의 원천

'호두나무'가 30년을 맞은 기념으로 전 직원들에게서 선물 받은 빗창 앵무. 비 오는 계절에 태어나 이름을 '미우(美雨)'라 붙여주었다. 맑고 부드러운 새 소리가 마음을 다독여준다.

지인에게서 "맡아서 키워줬으면 좋겠다"는 말을 듣고 데려온 토이푸들 호두 짱. 그전까지 키우던 강아지를 하늘로 보내고 상심했던 마음을 단번에 위로해준 사랑스러운 존재이다.

다리 수술 때문에 입원했을 때 전 직원들이 보내
준 롤링 페이퍼. 마음이 담긴 메시지를 읽고 있으
면 이시무라 씨가 얼마나 사랑받고 신뢰받고 있는
지 전해져온다.

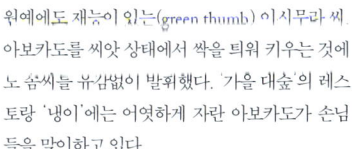

원예에도 재능이 있는(green thumb) 이시무라 씨.
아보카도를 씨앗 상태에서 싹을 틔워 키우는 것에
노 솜씨를 유감없이 발휘했다. '가을 대숲'의 레스
토랑 '냉이'에는 어엿하게 자란 아보카도가 손님
들을 맞이하고 있다.

바다에 갈 때마다 해안에 밀려온 '시글래스(sea
glass)'를 하나씩 주워 모아 빈티지한 일본 병에 넣
어두었다. 동글동글하고 부드러운 반짝임은 즐거
웠던 추억의 조각들이기도 하다.

옷

Fashion

Chapter 02.

Fashion

이
누
바
시
리

히
사
노

Hisano Inubashiri

여러 유명 여배우들이 중요한 순간에는 그녀만 찾는다는, 일본 대표

스타일리스트. 연예계에서 두터운 신뢰를 받으며, 일본을 대표하는

패션지 창간에도 참여하는 등 30년이 넘는 기간 동안 스타일리스트로서

반짝이는 커리어를 끊임없이 쌓아온 이누바시리 씨. 우아함을 바탕으로

흔들리지 않는 미학, 그리고 멋에 대한 폭넓고 유연한 촉각을 통해 절묘한

균형을 이루는 것이 그 비결이다.

저는 도쿄에서 태어나 도쿄에서 자랐습니다. 옷을 좋아한 아버지의 영향을 받아서 인지 어렸을 때부터 꾸미는 것을 좋아했지요. 어린 시절 사진을 보면 유치원 운동회에 버튼다운 셔츠를 입고 플리츠스커트 차림을 하고 있다든지, '미치 붐'(평민 출신으로 일본의 황태자와 테니스 코트에서의 연애를 거쳐 황태자비가 된 쇼다 미치코 황후의 스타일로, 1959년 결혼 당시 일본 경제, 패션, 매스미디어 등에서 엄청난 열기가 일었다.-역주)의 영향으로 V넥 스웨터에 테니스룩 차림이라든지 하는 식이에요. 아이였을 때부터 제 나름대로 "이거 입고 싶어!" 하는 의지가 분명했던 것 같아요. 고등학생 때 〈앙앙〉이라는 패션 잡지가 창간됐는데, 거기에서 영향을 정말 많이 받았어요. 특히 하라 유미코 씨의 패션을 동경했답니다. 어느 날은 하라 씨가 잡지에 자기 사복을 입고 나온 적이 있는데, 그게 너무 멋진 거예요. 하얀 티셔츠에 감색 V넥 캐시미어 스웨터, 그 위에 진주 목걸이를 맞춰 하고 나왔거든요. 심플하고 캐주얼하면서도 고급스러웠어요. 지금의 저를 만든 가치관은 그 무렵에 형성된 것 같아요.

고등학교 졸업 후에는 '옷 만들기를 배우고 싶어서' 문화여자전문대학에 진학했고, 대학을 졸업한 뒤에는 대학 시절 은사님의 소개로 패션쇼 연출 일을 하게 되었습니다. 사회에 나와서 제일 처음으로 한 일이 다카다 겐조, 이브 생 로랑, 크리스챤 디올 같은 쟁쟁한 분들을 보조하는 일이었는데, 이러한 경험이 저에게 큰 자산이 되었습니다. 이후 1985년에 스타일리스트로 독립했어요. 1989년 후지TV에서 방영된 드라마 〈서로 사랑하고 있나!〉에 출연한 여배우 고이즈미 쿄코 씨의 의상을 담당한 것을 계기로, 많은 여배우 분들의 스타일링을 맡게 되었고 〈Oggi〉, 〈Precious〉

등의 잡지 운영에도 참여하게 되었습니다. 그동안 정말 많은 분들과 만나며 일을 해왔지만, 지금까지 오래도록 관계를 유지하고 있는 분들이 많다는 것도 저의 즐거움 중 하나입니다.

제가 패션 업종에 오래 종사하면서 자주 생각하는 것은 '꾸미는 것'의 중요성과 재미입니다. 요즘은 복장 스타일이 미국식으로 많이 바뀌면서 점점 캐주얼해지기도 하고, 중학생이나 고등학생이 학교에 가면서 짙은 화장을 하는 등 '격식에 맞는 옷'에 대한 의식이 점차 사라져가는 것 같아요. 제가 어렸을 때는 긴자의 미쓰코시 백화점이나 니혼바시의 다카시마야 같은 백화점이 정말 꿈의 장소여서, '외출복'을 입고 백화점에 가는 것 자체로 정말 특별한 일이었거든요. 몇 년 전 제가 함께 일하고 있는 여배우와 함께 홍콩 여행을 갔을 때, 저녁 식사를 하러 가기 위해 드레스를 입고 하이힐을 신었더니 "정말 멋지네요!"라는 칭찬을 들었답니다. TPO에 맞춰 '좋은 옷을 입는다'는 것. 이것은 무척 즐거운 일이면서, 다른 의미로는 사회적인 매너이기도 합니다. 그리고 이는 경험이 많은 여성들이 젊은 사람들에게 꼭 전해야만 하는 메시지이기도 하지요. 그렇기 때문에 저는 여성은 나이가 몇 살이든 언제나 멋을 추구해야 한다고 생각합니다.

검은색과 흰색은 뉘앙스가 중요

젊은 시절 검은색 옷만 줄창 입던 시기가 있었습니다. 모노톤 코디는 아이템 조합에 실패할 확률이 낮고, 검은색을 베이스 컬러로 하면 액세서리를 고를 때에도 통일감이 생겨 안정감이 있습니다. 무엇보다도 검은색은 '힘'이 있는 색이어서, 그 색의 힘을 빌려 업무상 아직 미숙했던 저를 효과적으로 연출할 수 있었어요. 그러다 어느 시기에 접어들자 '이제 검은색은 입기 어렵다'고 깨닫게 된 계기가 생겼습니다. 마흔이 되고 얼마 되지 않아 검은색 터틀넥 니트를 입고 증명사진을 찍었을 때의 일이었어요. 예리하고 갸름하게 떨어지던 젊은 시절의 얼굴과 달리, 세월이 흘러 볼에서 턱까지 이어지는 라인이 흐릿해진 얼굴을 밋밋한 검은색으로 둘러싸니 딱히 이렇다 할 게 없는 수수한 느낌만 나는 거예요. '시크'와 '수수함'은 닮은 것 같지만 전혀 다릅니다. 젊은 시절에는 '시크'하게 느껴졌던 검은색도 나이를 먹어가면서 '수수함'이 되어, 나이 든 느낌을 더욱 강조해버리는 결과가 된 것입니다.

검은색을 걸치고 싶다면 소재와 디자인에 특히 주의하세요. 비침이 있는 실크 소재라든지, 입체감을 주는 레이스나 자수 같은 것이 있으면 좋습니다. 드레이프(drape)가 있는 턱(tuck)이나 플리츠 같은 것도 괜찮겠지요. 어떻게 해도 무거운 느낌이 든다면 '베이스 컬러로서의 검은색'은 이제 과감히 졸업하는 편이 좋다고 생각합니다. 지금의 제가 검은색 대신 베이스 컬러로 활용하는 것은 감색입니다. 검은색보다는 덜 무거우면서, 동양인의 피부색에 잘 맞는 색이라 생각해요.

빳빳하게 다림질한 흰색 셔츠는
헤매해 보이기 쉬운 얼굴 라인을
제대로 잡아주는 효과가 있다.
튀지 않으면서 광택을 더해주는
금색 단추도 추천 포인트.
검은색에 가까운 짙은 감색은
단정한 인상을 주기 때문에
믿고 입을 수 있는 아이템이다.

검은색과 마찬가지로 흰색도 주의해서 입어야 합니다. 흰색은 중립적인 색이라 생각하기 쉽지만, '흰색'이라고 해도 그 안에는 노란 기가 도는 흰색, 회색이 섞인 흰색 등등 다양한 톤이 있습니다. 나이 든 여성이 주의해야 하는 것은 푸르스름한 흰색입니다. 이 색감이 칙칙한 피부와 만나면 얼굴이 하얗게 떠 보이기 때문입니다. 나이가 있는 여성이 흰색을 선택할 때는 어느 색감이 도드라지지 않은, '담백한(plain)' 흰색을 고르는 것이 좋아요. 피부 상태에 따라서 따뜻함이 감도는 오프화이트도 괜찮습니다. 어떤 것이든 입고 거울 앞에 서서 꼼꼼히 살펴본 다음, 냉정하게 판단하는 것이 중요합니다.

여러 번 빨아 입으며 색이 바란 면직물의 흰색은 이제 젊은 여성에게 양보하고(물론 나이가 들어도 여전히 잘 어울리는 분도 있지만, 뛰어난 스타일 감각이 있거나 외모가 개성적이거나 또는 무척 윤기 있는 피부를 가진 분들 정도에 한정되므로 코디가 까다롭습니다), 무게감이 있어 우아하게 늘어지는 실크나, 힘이 있는 코튼 소재를 고르세요. 나이가 들수록 몸은 쇠약해지고, 안타깝게도 젊음의 상징인 '맑고 산뜻함' 역시 사라져갑니다. 그러나 옷을 통해 이것을 충분히 보완할 수 있습니다. 저는 그것의 패션의 힘이며, 즐거움이라고 생각합니다.

나이가 있는 여성에게 어울리는 파란색

2014년에 저서를 내면서 '아름다운 파란색은 당신을 5살 어려 보이게 한다'는 부제를 붙였습니다. 이 말 그대로, 나이가 든 여성에게 파란색은 매우 든든한 존재입니다. 검은색을 대신할 만한 베이직 컬러로도 청색과 감색을 추천하고요. 파란색의 매력은 뭐니 뭐니 해도 '산뜻함'입니다. 뭔가 독특한 부분이 있거나 디자인이 매우 화려한 옷도, 파란색을 베이스로 하면 지나치게 화려해 보이지 않고 고급스러운 느낌도 해치지 않지요.

또한 파란색은 다른 색에 비해 바리에이션이 다양하다는 점도 매력입니다. 삭스 블루(sax blue), 사파이어 블루, 청록색(turquoise), 인디고 블루 등 여러 의류 숍에서는 비교적 풍부한 파란색 계열 아이템들의 라인업을 갖추고 있습니다. 그 안에서 자신의 피부 톤에 맞는 색을 잘 찾을 수 있을 거예요.

저는 감색과 파란색만 활용한 그러데이션 코디를 자주 즐깁니다. 실크 블라우스에 울 재킷, 데님 팬츠를 매치하는 식으로요. 각각 소재에 변화를 주어 입체감을 만들어주면 어른스러우면서 고급스러운 차림이 완성됩니다. 꼭 한번 시도해보세요.

네이비를 활용한 원 톤 코디.
'The Dayz tokyo'의 롱 베스트,
'STRASBURGO' 블라우스에
'JOURNAL STANDARD'의
와이드백을 매치했다. 감색으로
통일감을 주면 디자인이 튀는
옷도 쉽게 도전해볼 수 있다.

이누바시리 씨가 애용하는 '파란색 아이템'들.
채도가 높은 로열 블루(royal blue)와 마린 블루는 살짝 노란 기가 도는 피부색에 잘 어울린다.
특히 얼굴 주변에 밝은 파란색을 매치하면 젊은 분위기를 낼 수 있다.

헤어스타일 돌아보기

30~40대에 일과 육아로 바빠서 "멋을 부릴 처지가 아니었다"라고 하실 분들도 많을 거예요. 그런 분들 중에는 50대에 접어들어 여유가 생기고 보니, "젊을 때 입었던 옷들이 더 이상 어울리지 않아요", "이제부터 옷을 어떻게 입어야 할지 모르겠어요" 등 어쩔 줄 몰라 스타일 상담을 받으러 오는 경우가 종종 있습니다. 질문하는 입장에서야 '대체 무슨 옷을 입어야 할까요?'가 가장 궁금한 것일 텐데, 저는 이에 대해 "일단 헤어스타일부터 다시 생각해보는 게 어떨까요?" 하고 답변할 때가 많습니다. 언젠가 어느 TV 방송 프로그램의 '아내의 변신' 코너에 스타일리스트로 출연한 적이 있습니다. 일반인 여성분의 일상적인 옷들을 살펴보고, 그분에게 어울리는 코디를 제안해드리는 역할이었지요. 그리고 그때 역시 "먼저 헤어스타일을 바꿔보세요" 하고 우선 미용실에 데려가는 경우가 종종 있었습니다. 나이가 들수록 머리카락의 탄력이 떨어져 가르마가 도드라지는데, 그렇게 되면 얼굴이 더 늙어 보일 수 있습니다. 또 머리의 볼륨감은 떨어지는데 긴 머리 스타일을 하고 있으면 도리어 인상이 빈약해 보이기도 합니다. 그렇게 몇 년이고 같은 헤어스타일을 그대로 고집하다 보면, 다른 사람이 볼 때 어쩐지 나이 들어 보이게 되는 원인이 됩니다.

헤어스타일을 현재의 상태에 맞추어 제대로 업데이트하면, 지금 그 사람에게 어울리는 옷이 저절로 보입니다. 만약 헤어스타일이 젊을 때의 이미지에 멈춰 있다면, 옷도 잘못 고르기 마련입니다. 옷보다도 먼저 헤어스타일, 이 순서를 지켜보세요. 마음을 단단히 먹고, 단골 미용실을 바꿔보는 것도 방법이겠지요. 새로운 헤어스타일로 바꾸면 기분도 산뜻해져 '그럼 이제 꾸며볼까!' 하는 마음이 샘솟을 거라 생각합니다.

젊은 시절부터 커트 스타일이었지만, 아주 짧게 자르거나 염색 등으로 변화를 주는 이누바시리 씨. 머리를 짧게 자르면 목깃 부분의 디자인이 독특한 옷을 즐기는 재미가 있다.

'나만의 스타일링'을 즐기자

드라마에 출연하는 여배우의 스타일링을 담당한 적이 있습니다. 드라마 속의 '스타일링'은 '등장인물다운 분위기'을 만드는 연출의 일부이므로, 대본을 분석하고 여배우 본인이나 연출가와 논의를 해나가면서 '이 사람이라면 이런 옷을 입겠지'를 상상해 코디를 결정합니다. 청초한 이미지인 배우가 라틴계 캐릭터를 맡았다면 화려한 빨강이나 오렌지색 옷을 골라준다든지, 반대로 딱딱한 직업에 종사하는 역할이라면 차분하고 차가운 색 계열을 골라주는 식이지요. 옷차림으로 이미지가 확 바뀌게 되니 스타일링을 하는 저 역시 즐겁고, 또 보람이 있습니다.

그런데 이런 일은 드라마 속 세계에만 해당하는 것이 아닙니다. 현실 세계에서도 얼마든지 응용할 수 있어요. 자신이 이상적으로 생각하는 여성상을 머릿속에 그려보고, '이 여성이라면 어떤 옷과 아이템을 선택하고, 어떤 식으로 코디할까?' 라는 상상을 키워나가는 겁니다. 즉 '스스로 자신의 배역을 정하는' 것입니다. 지금까지 굳어져온 멋에 대한 스스로의 껍질을 깨는 것은 정말 어려운 일입니다만, '되고 싶은 캐릭터'를 머릿속에 그려보면 지금까지 쳐다보지도 않았던 아이템에도 도전할 수 있게 될지 모릅니다. 화려하고 따뜻한 색깔의 무늬가 있는 원피스, 완성도 있는 테일러드 재킷, 큼직한 액세서리……. 작은 것이어도 상관없으니 일단 도전해보면 어떨까요? 예를 들어 부끄러움 없이 선글라스를 쓸 수 있게 되면 "마음이 두근두근 설레서, 멋지게 꾸미고 싶어지는 일이 한결 많아졌어요" 하는 일도 생길 수 있답니다.

'배역을 정해서' 코디할 때
효과적인 것은 살짝 화려한
느낌의 아이템들. 보기에도
경쾌하고, 몸에 걸치면 기분도
좋아진다. 광택이 나는 스카프는
초보자에게도 추천할 만하다.

선글라스나 패션 안경도 캐릭터를 잡기에
좋은 아이템. "저도 좋아해서 자주 활용하는
소품인데요, 쓰면 기분이 달라져서 좋아요."

원래 '멋'이란 모방에서 시작하는 겁니다. 세계적인 디자이너도 50년대, 60년대, 70년대, 80년대 등 각 시대별로 축적된 것들을 보고 그 안에서 다양한 영감을 얻습니다. 이런 말을 하고 있는 저도 멋에 대한 감각을 항상 깨워두려 노력하고, 길을 걷는 여성의 패션을 관찰하는 것도 정말 좋아합니다. 그리고 '멋지다' 싶으면 '멋지게 보이는 이유가 뭘까?' 하고 분석합니다. '겹쳐 입은 옷의 색깔들이 균형 있게 배분되어 있구나', '심플한 옷에 저 액세서리를 매치한 것이 멋지네' 등등. 이 아이디어를 저 자신에게 응용한다면 어떤 부분을 참고할 수 있을까, 또다시 머릿속에 열심히 그려봅니다.

나이가 들면 아무래도 옷차림이 보수적으로 되기 쉽습니다. 그러나 몇 살이 되든 멋에 대한 감각을 발휘해 때로는 새로운 '배역'을 정하고 새로운 도전을 해나가고 싶습니다.

연령과 체형에 맞는 바지 고르기

나이가 들어가면서 바지를 고르는 것이 점점 더 어려워집니다. 슬프게도 역시 하반신이 따라와 주지 않으니 말이지요. "어떤 바지를 골라야 할까요?" 하고 물어보는 분들도 많은데, 바지 실루엣은 시대의 유행을 타는 한편(몇 년 전에는 무릎 선을 올리고 허벅지 통을 줄인 스키니, 골반에 걸쳐 입으며 무릎 밑부터 통이 넓어지는 부츠컷이 유행했지만 지금은 밑위가 좀 더 길어지고 전체적으로 통이 좁은 일자바지가 유행하고 있지요) 각 사람의 체형에 따라 어울리는 바지도 달라집니다. 허리와 엉덩이 형태, 근육이 발달한 정도 등은 사람마다 천차만별이기에 일단은 자꾸 입어보고 '이거면 되겠다' 하고 납득이 가는 하나를 찾아내는 수밖에 없습니다. 입어보는 게 귀찮다 싶은 분들도 많겠지만, 제대로 고른 바지를 당당하게 입고 있으면 인상도 훨씬 젊고 생기 있어 보인답니다. 겁내지 말고, 우선 입어보세요.

바지를 고르는 기준은 '내가 신경 쓰는 부분이 멋지게 커버되는가'입니다. 허리가 뻣뻣한 사람이라면 허리 주변에 주름이 이상하게 잡히지는 않는지, 반대로 옷이 헐렁하진 않은지 보는 겁니다. 종아리가 두꺼운 사람이라면 그 부분을 제대로 커버해주는가가 중요하지요. 앞모습만이 아니라 옆모습, 뒷모습까지 확실히 거울로 체크해야 합니다.

질리는 일 없이 자주 입는 '질 샌더'의 일자바지(위),
유행하는 실루엣의 와이드 바지는 '자라'(아래), 금색 벨트는
'유니클로' 제품이다. 납득이 갈 때까지 고르고 고른
이 바지들은 둘 다 이누바시리 씨의 체형에 딱 맞는다.

나이 든 사람의 청바지 고르기

캐주얼 아이템의 대표주자, 청바지는 한 번 멀어지면 재도전이 쉽지 않은 아이템인 듯합니다. 저도 중년 여성들에게 "추천해주실 만한 청바지 브랜드가 있나요?" 하는 질문을 많이 받습니다만, 앞서 바지 고르는 요령에서 이야기했던 것처럼 모두에게 잘 어울리는 브랜드나 실루엣이 따로 있는 것이 아니라 어쨌든 자꾸 입어보고 자신의 체형에 맞는 것을 찾는 수밖에 없습니다.

단, 청바지를 고를 때 주의해야 할 포인트가 있다면 밑위가 적당히 긴 것(밑위가 짧은 청바지는 살짝 고루한 인상을 줍니다), 실루엣이 너무 딱 붙기보다는 일자인 것(스키니 타입은 아무리 날씬한 체형이라도 피하는 것이 무난합니다), 한 번 세탁한 것처럼 물 빠진 색깔이 예쁜 것을 고르는 겁니다. 롤업해서 입을 때는 아주 살짝만 접는 것이 요령입니다.

"나이 든 여성은 꼭 어느 정도 가격이 나가는 옷만 입어야 하나요?"라는 질문도 받습니다만, 그렇게 비싼 청바지를 입을 필요는 없습니다. '체형에 안 맞으니까' 하고 청바지를 지레 포기할 것이 아니라, 아무래도 '계속 입을 수 있는' 것이니 누구나 하나쯤 있으면 좋겠어요. 활동적이면서 부드러운 이미지를 연출해주는, 무엇보다도 여성을 매력적으로 보이게 해주는 아이템 중 하나니까요.

마지막으로 한 가지 주의해야 할 점은, 나이 든 여성이라면 더 이상 청바지에 스니커즈를 매치하지는 말자는 겁니다. 청바지에 스니커즈란 캐주얼한 패션의 정석이겠지만, 그것은 젊은 사람들에게 넘겨주고, 힐이나 로퍼 같은 가죽 소재의 트래드 슈즈를 매치하세요. 스니커즈를 신고 싶을 때는 롱스커트에 매치하기를 추천합니다.

왼쪽은 'Acne'의 일자 청바지로, 헐렁한 실루엣이 매력이나.
오른쪽은 'GAP'의 통이 좁은 일자 청바지로,
넓적다리 부분의 물 빠짐이 다리를 늘씬하게 보이게 해준다.

최근 이누바시리 씨 마음에 쏙 든
'ANATOMICA'의 청바지.
통이 꽤 넓어 하이웨이스트
느낌이 나는 바지에, 셔츠를 넣어
입고 벨트 없이 적당히 셔츠를
꺼내 부풀렸다. 여기에 펌프스와
손수건을 넣은 재킷을 매치해
우아한 느낌을 살렸다.

힐을 통해 엿볼 수 있는 마음

비슷한 나이대의 지인들과 한자리에 모이면, 하나같이 온통 편한 플랫 슈즈만 신고 있는 상황이 종종 연출됩니다. 허리나 무릎이 안 좋거나, 외반모지 증상이 있는 등 건강과 관련된 문제라면 더 이상 방법이 없지요. 그러나 건강상 이유가 아닌데도 플랫 슈즈만 찾는다면 저로서는 '아깝다' 싶어집니다.

사람은 가만히 두면 저절로 편한 쪽으로 가게 되지요. 저 자신도 피곤하다 싶은 날이면 '오늘은 로퍼 말고 다른 건 못 신어!' 하고 종종 생각합니다. 그렇지만 여전히 '멋을 추구하는 마음'은 발끝에서 드러난다고 믿어요. 가끔 길거리 등에서 머리는 백발인데 핀 힐을 신고서 당당하게 걸어가는 여성분을 보면, "멋지다!" 하고서 넋을 잃고 쳐다보게 됩니다. 그러면서 제 자신도 등을 쭉 펴게 되는 기분이 들어요. 누구든 언젠가는 힐을 신고 싶어도 신을 수 없는 날이 분명 찾아옵니다. 그러나 그때까지는, 여성으로서 매일 신지는 않더라도 '힐을 신을 때 얻는 고양된 느낌'을 포기하기란 조금 쓸쓸하지 않나 싶습니다.

힐을 신으면 서 있을 때의 모습에 확연한 차이가 납니다. 발목도 가늘어 보이고, 앉았다 일어섰다 하는 일상적인 동작도 어딘가 우아해집니다. 아무래도 자세에 신경을 쓰게 되므로 자연스럽게 몸이 단련되며, 뱃살도 들어갑니다(웃음). 여성으로서 좋은 점이 매우 많다고 생각되지 않나요? 요즘은 5cm 정도 굽의 힐이라면 발에 큰 부담을 주지 않고도 신을 만한 신발이 다양하게 나와 있으니, 점원에게 이것저것 물어보는 것도 괜찮겠지요. 평소에 자신의 발 모양에 잘 맞는 브랜드를 알아두면 마음이 든든합니다. 굽이 가는 힐을 신기가 어렵다면, 당연히 굽이 두꺼운 힐을 신어도 되고 플랫폼 슈즈(통굽 신발)나 웨지 솔(wedge sole) 슈즈를 신어도 됩니다. 저는 서 있을 일이 많거나 많이 걷게 되는 날 같은 경우 활동하기 편한 바지에 플랫폼 슈즈를 매치하기도 합니다.

얼마 전에, 검정과 베이지색이 섞인 '샤넬'의 펌프스를 발매일 당일에 구했습니다. '이 신발은 관리만 해주면 할머니가 되어서도 신을 수 있겠어' 하는 생각에 큰맘 먹고 구입했어요. 두꺼워서 안정감을 주는 5cm 굽이 있지만, 백스트랩 타입으로 여성스러운 여리여리함 역시 적당히 드러내준답니다. 그전까지는 마찬가지로 두 가지 컬러가 섞인 일반 펌프스를 애용하고 있었습니다만, 이번 신발은 컬러 조합이 고급스러워서 다양한 코디에 활용하는 것은 따 놓은 당상입니다. 이런 식으로 구두 하나에 두근두근한다는 것은 역시 여성이기에 느낄 수 있는 즐거움이라 생각해요.

'샤넬'의 백스트랩 슈즈. '나이를 계속 먹어도 이건 신을
수 있겠다' 싶어. 송아지 가죽과 누버크 가죽으로 소재가
다른 두 컬레를 각각 구입했다. 안정감이 있어 걷기 편하고.
캐주얼한 분위기는 물론 고급스런 분위기에도 잘 어울리는
디자인이다.

이누바시리 씨가 애용하는
컬러인 청색의 펌프스.
왼쪽의 송아지가죽 소재는
'지안비토 로시(Gianvito Rossi)'
구두. 오른쪽의 에나멜 소재는
'지미 추' 구두이다.
"청색 구두를 보면 그냥 갖고
싶어져요."

낮은 굽 신발로는 사진에 보이는 것들을 애용한다.
왼쪽이 'J. M. WESTON'의 에나멜 로퍼, 오른쪽에
보이는 것은 영화 〈세브린느(Belle De Jour)〉에서
주연배우 까뜨린느 드뇌브가 신었다는 '로저 비비에
(Roger Vivier)'의 펌프스이다.

옷을 고를 때 나만의 규칙을

"가게에서 그 옷을 보고 마냥 들떠서 충동구매를 했는데, 집에 와서 냉정을 찾고 보니 제 취향과도 안 맞고 손이 잘 안 가게 되더라고요" "나이도 먹을 만큼 먹었건만 여전히 쇼핑에 실패하네요" 라는 이야기를 송송 듣습니다. 이런 '실패'는 왜 하는 걸까요? 혹시 매번 그날 기분에 따라 '별 생각 없이' 쇼핑을 하진 않았나요? 이제 그만 그런 막연한 쇼핑에서 확실히 졸업하는 게 어떨까요?

해결책은 '자신에게 어울리는' 그리고 '활용하기 좋은' 구체적인 아이템 선택 규칙을 만들어두는 겁니다. 저는 이 '쇼핑 규칙'을 꽤 세세하게 세워두고 있답니다. 예를 들어 스커트는 무릎을 완전히 덮는 길이나 롱스커트를 고르지요. 무릎 위로 올라오거나 종아리 중간에서 끊어지는 미디 기장은 절대로 사지 않습니다. 무릎과 팔꿈치는 나이가 드러나는 포인트로, 외관상 그리 예쁘지 않거든요. 니트는 대부분 뜨개질의 코가 조밀한 것으로 고르고, 어쩌다 한 번씩 중간 정도의 짜임을 고르는 식입니다. 큰 코로 짠 니트는 헐렁한 느낌이 매력이지만 그만큼 부해 보여서, 나이든 여성이 깔끔하게 입기에는 어렵습니다. 단 큰 코로 성기게 짠 카디건은 최근의 유행과도 맞고, 세로 라인이 강조되어 날씬해 보이므로 어떻게 매치하느냐에 따라서 한 번씩 입기도 합니다. 격식을 차린 느낌이 강한 드레스셔츠는 단추가 보이지 않게 처리한 디자인을 고릅니다. 단춧구멍이 보이면 캐주얼한 느낌이 강해지거든요. 또 어떤 아이템이든 단추가 너무 튀는 옷은 고르지 않습니다.

이런 식의 규칙들은 잡지에 실린 글을 보거나 누군가를 롤모델 삼아서 이렇게 저렇게 정한 것이 아니라, 과거 몇 년간 제 자신이 옷을 입어온 역사를 되짚어보고, 제 나름대로 분석을 해서 정해온 것입니다. 실제로 옷장을 열고 관찰을 해보면 누구라도 자신의 취향이라든가, 자주 입는 옷을 통해 자신에게 어울리는 경향을 파악할 수 있을 거예요. 또 과거에 어째서 실패했는지, 어떤 부분이 자신에게 문제였는지, 그 이유도 제대로 짚어보자고요. "모처럼 마음먹고 비싼 옷을 샀는데, 거의 안 입었네"라는 기억 하나 둘쯤은 누구에게든 분명히 있겠지요. 그때 치른 비싼 수업료가 이후의 나를 꾸미는 일의 자양분이 됩니다.

이런 식으로 나만의 규칙을 세워두면 쇼핑에 엉뚱한 시간 낭비를 하지 않게 되고, 가게에 가서 순간적으로 들뜨게 되더라도 "아니야. 이건 내 규칙이랑 안 맞으니까 그만두자" 하고 냉정을 되찾아 실패하지 않게 될 거예요.

"이런 코디를 하는 여성이 거의 없어서"라며 아예 '가슴 주머니에
장식용 손수건 꽂기'를 '자신의 스타일'로 굳혀버린 이누바시리 씨.
액세서리를 한 듯한 효과를 내면서, 마음도 다잡아준다고.
흰색 손수건은 신사복 매장 'AOKI'에서 구입했다.

니트는 거의 촘촘히 짜인 것들
위주이며, 한 번씩 중간 정도
코로 뜬 것도 입는다.
성기게 짜인 넉넉한 니트는
거의 사지 않는다. 재킷 안에
입는 드레스셔츠는 반드시
앞섶 원단이 이중으로 되어
단추를 가려주는 디자인으로
고른다.

액세서리 활용 요령

"나이 든 여성은 파인 주얼리를 엄선해서 착용해야 한다"고들 하지요. 물론 그것도
하나의 방법이라 생각하지만, 막상 파인 주얼리만 가지고 옷에 매치할 종류들을 갖
추려다 보면 금전적으로도 부담이 되고, 사람에 따라서는 조금 과한, 세련되지 않은
인상을 주는 경우도 있습니다. 저는 파인 주얼리와 코스튬 주얼리를 적당히 섞어서
활용한답니다. 죄다 가짜만 걸치는 경우만 피하면 싼 티가 나지 않고 오히려 적당
히 힘을 뺀 느낌을 주어, 전체적인 균형을 잡아주니 다양한 코디가 가능해집니다.
목둘레에는 얼굴형과 목 길이와 굵기, 헤어스타일과의 밸런스를 맞춘 '기본형'을
정해두면 좋습니다. 예를 들어 저는 '미키모토' 브랜드의 38cm 초커에 5mm 진주
알을 끼운 목걸이를 하고, 쇄골 바로 밑에 십자가 오도록 십자가 목걸이를 겹쳐
서 합니다. 진주목걸이만 할 때보다 화려한 분위기가 나서 캐주얼한 옷으로도 나
이에 맞는 고급스러움을 연출할 수 있습니다. 이런 식으로 기본형을 정해두면, 평
소에도 맞춰 입을 상의를 고르기 수월해지고, 시간이 없는 아침에도 코디로 고민
할 일이 없답니다.

이누바시리 씨의 '액세서리 기본형'. 함께 코디한 니트는
'유니클로'의 캐시미어를 뒤집은 것이라고.
일상적인 코디에서 금반지와 은반지를 같이 끼면
어떤 때든 잘 어울린다.

심플한 옷이 많다 보니, 한번씩 반짝이는 라인스톤 액세서리로
흥미로운 코디를 완성한다. 오른쪽 위는 '스와로브스키',
아래쪽 두 개는 'talkaTive' 제품이다.

청색 보석인 터키석 아이템을 고를 때는 깔끔하고 알이 커다란
타입을 선택한다. 여행지의 항구, 우에노의 아메요코 시장
등지에서 '만난' 아이들이다.

옷 관리는 부지런히

'깔끔하게' 보이는 것을 기본으로, 아이템을 선택하거나 코디할 때의 주의사항이 있지만 보다 근본적으로는 '가지고 있는 옷을 물리적으로 예쁘게 보관'하는 일 또한 유념해주셨으면 해요.

아무리 멋진 옷을 입었다 해도 주름이 져서 꾸깃꾸깃하면 아무 소용이 없습니다. 초췌하고 꾀죄죄한 인상을 주거든요. 하나하나 다림질하기 귀찮은 분들에게는 핸드 스티머를 추천합니다. 패션 스타일리스트들의 일곱 가지 필수 도구 중 하나이기도 한데, 옷을 행거에 건 채로 주름을 펼 수 있으니 다리미대도 따로 필요 없고 바로바로 꺼내 쓰고 넣기도 좋아 사용하기가 수월합니다. 가격도 3천 엔 정도로 적당하니, 옷을 손질할 때 꼭 한번 시도해보세요.

구두는 깔끔하게 닦아두는 것도 중요하지만 '연달아 신지 않는 것'이 중요 포인트입니다. 하루 신었으면 그다음 하루 이상은 신지 않고 쉬게 합니다. 이렇게 하면 신발의 형태가 망가지는 것을 방지할 수 있어 오래도록 좋은 상태로 유지됩니다. 신발을 신지 않는 동안에는 반드시 슈트리를 안에 넣어두세요. 슈트리도 이제는 온라인구매 등을 통해 적당한 제품을 여러 개씩 살 수 있답니다.

저는 어렸을 때 어머니나 아버지가 솔을 들고 양복이나 코트를 정돈하는 모습을 자주 봤습니다만, 요즘 사람들은 옷솔을 별로 쓰지 않는 것 같아요. 옷 관리의 기본은 브러싱입니다. 빨래나 드라이클리닝을 반복하면 옷이 상하는 원인이 됩니다. 저는 코트 같은 경우 계절을 한 번 보내는 동안 드라이클리닝을 한 번도 하지 않고, 매일 솔로 브러싱해 깔끔하게 보관합니다. 브러싱을 하면 먼지도 떨어낼 수 있고, 옷감의 섬유도 정돈됩니다. 솔을 이용하면 원단에 광택이 살아나 옷이 깔끔하게 보이는 효과도 있어요.

그 외 다른 요령이라면, 소소한 것이긴 합니다만 보풀이나 먼지는 제대로 다 떼고 얼룩이나 오염은 바로바로 지우며, 드라이클리닝이 필요한 옷을 클리닝한다는 것 정도겠네요. 옷을 정성 들여 다루면 신기하게도 옷이 그 기대에 부응하기라도 하는 것처럼 더 반짝입니다. 손질을 하면 애착도 더 생겨, 옷이 사랑스러워집니다. 이는 어떤 '것'에든 공통되는 진리입니다. 반대로 어떤 고급 제품이라도 소홀히 다루면 칙칙해지고 맙니다. 제가 봐온 멋쟁이들은 옷 손질에도 정성을 다하는 분들이 대부분이었습니다. 내 곁에 있는 옷을 아끼고 사랑하는, 그런 멋을 목표로 삼아보세요.

몇 년 전에 구입한 '헤이야 솔 제작소(平野刷毛製作所)'의 옷솔.
숙련된 장인이 손으로 털을 하나하나 심는 기법으로 튼튼하게
만든 것으로, 귀한 말 꼬리털을 분에 넘치게 사용하고 있다.
"캐시미어 스툴이나 코트를 손질할 때 정말 좋아요."

슈트리는 온라인에서 구입한 것을 활용하고 있다.
사이즈를 조정할 수 있는 타입으로 신발을 신지 않은
때는 반드시 이것을 넣어둔다.
핸드 스티머는 'twinbird' 제품을 애용한다.

나의 행복의 원천

2014년에 돌아가신 멋쟁이였던 아버지의 유품으로 물려받은 손목시계. '세이코' 브랜드의 고급 라인 'Credor'의 초기 모델로, 벨트를 빨간색 가죽으로 바꿔서 쓰고 있다.

다도를 즐기는 어머니가 최근에 기모노를 입을 일이 줄었다며 애용하던 띠 몇 개를 물려주었다. "명주로 만든 기모노를 입을 때는 이걸 이용해 분위기를 업그레이드합니다."

2011년부터 플라멩코를 시작해 일주일에 한 번 꼬박꼬박 나가고 있다. 춤에는 소질이 없다고 생각해왔지만 '싫어하는 것을 극복해보자!'는 마음으로 시작했다고. 레슨을 받는 중에는 다른 일들을 다 잊게 되어 머릿속을 비울 수 있는 것이 매력이란다.

패션쇼 일을 시작했던 20대 초반, 파리의 샹젤리제 거리에서 찍은 추억의 사진이다. 빨간 팬츠에 빨간 스툴을 두르고, 두 가지 컬러기 배 박던 펌프스를 신고 있다니 "지금의 취향이랑 하나도 달라진 게 없네요.(웃음)."

한 번 빠진 것은 여러 번 먹어보며 철저하게 맛을 비교하는 연구가 체질의 이누바시리 씨. 한때는 쩌씨, 또 한때는 피사였는네, 쇠근에는 그로와상에 빠져 있다. 마음에 든 가게는 몇 번이고 다시 찾아간다고.

미용

Beauty

Chapter 03.

Beauty

시
마
다

스
미
코

Sumiko Shimada

피부미용 전문가(aesthetician), 침구사(鍼灸師, 침과 뜸으로 치료하는

전문가-역주)로 사회 경력을 시작한 시마다 씨. "진정한 아름다움은

건강한 것에서 나온다"는 철학으로 중국의 전통 요법인

구아샤(刮痧, gua sha, 중국 한의학의 민간요법으로 통증이나 질환이 있는

신체 부위에 기름을 바르고 맨손이나 도구로 긁어 염증을 없애는 기술-

역주)를 접하기에 이르렀고, 2008년부터 이를 일본에 널리 소개해오고

있다. 저당질 식생활이며 발효식품까지, 관심의 폭이 상당히 넓어 이러한

유연한 호기심이야말로 아름다움의 또 한 가지 비결이라는 점을 우리에게

알려주는 듯하다.

제가 동양의학에 관심을 갖게 된 것은 20대 초반, 대기업 화장품 제조사가 운영하는 피부미용 전문학교에 다니던 무렵의 일입니다. 당시로서는 진보적이었던 그 학교는 동양의학의 방법을 체계적으로 미용에 도입했는데, 같은 시술을 하더라도 먼저 침으로 맥을 자극하느냐 마느냐에 따라 피부에 나타나는 효과가 확연히 달라지는 것에 충격을 받았습니다. 경락(동양의학에서 말하는 몸의 기와 혈이 통하는 길)의 흐름을 잘 뚫어주면 몸이 건강해지고, 그 건강함이 아름다움으로 이어진다. 그러한 사고방식이 제 안에 확실히 새겨진 계기가 되었습니다.

3년 동안 낮에는 침구원에서 배우며 일하고, 밤에는 학교에 다니는 날들이 이어졌습니다. 젊은 시기였기에 전혀 힘들지 않았어요. 침구사 자격을 딴 뒤에는 병원의 재활실에서 일하기도 하고, 피부관리실 미용사로 실력을 발휘하기도 했습니다. 그러다 처음에 다녔던 그 대기업 화장품 제조사에서 운영하는 연구소에 들어갔는데, 침구사인 남편 시마다 쓰토무 씨가 미국으로 침구 시찰을 가게 되어 그 길을 함께 나서게 되었지요. 귀국 후에는 남편이 센다이 시의 침구학교 설립에 참여하여 졸업생 연수로 중국에 시찰을 나가게 되었고, 이때 역시 따라 가게 되었습니다. 그리고 그곳에서 저는 중국의 전통 치료법인 구아샤(刮痧)를 알게 되었습니다.

오랜 역사를 자랑하는 구아샤는 2000여 년 전부터 중국에 전해 내려오던 치료법입니다. 간단히 말하면 모세혈관을 압박해 혈액의 독소를 밖으로 빼내고, 경락의 흐름을 좋게 해 컨디션을 바로잡아주는 것입니다. 이 치료법에 흥미가 생겨, 현지 학교에 다니며 공부를 하고 일본에도 소개하게 되었습니다. 마침 일본 내에서도 '디톡스(detox, 제내 노폐물을 배출하는 것)'라는 단어가 유행하던 무렵이었어요.

구아샤는 현지 발음으로는 '꽈샤'에 가깝습니다만, 일본에 들여오면서 히라가나로 '캇사(かっさ)'로 표기하게 되었습니다. 제가 소개한 '캇사 마사지'는 일본에서 커다란 반향을 불러일으켰고, 여러 매체에 소개되었을 뿐 아니라 관련 도서도 출간되면서 널리 알려지게 되었습니다. 순수한 흥미로 시작한 일이 이처럼 사람들에게 널리 받아들여지게 되다니, 저로서도 얼떨떨할 따름입니다.

지금까지의 인생을 돌아보면 스스로의 강한 의지로 이끌어왔다기보다는 여러 인연이 닿아 자연스럽게 흘러왔다 싶기도 합니다. 동양의학에서는 몸의 '기 · 혈 · 수분'이 '흐르는' 것이 무엇보다 중요합니다. 자신이 할 수 있는 것, 자신에게 요구되는 것을 거스르지 않고 그 흐름에 올라타는 것 역시 인생에서 중요한 것이 아닐까 하는 생각을 해보게 됩니다.

피부 관리와 노안에 좋은 '캇사'

'캇사(刮痧)마사지'는 원래 중국에서 오랜 역사를 거쳐 전해 내려온 민간요법입니다. '刮'이라는 한자에는 깎는다는 의미가, '痧'에는 어혈(혈액의 독소)이라는 의미가 있습니다. 중국에서는 나이가 들어 허리가 아플 때 치료원에 가서 '캇사'를 받는다든지, 할머니가 감기에 걸린 손자의 머리와 어깨 등을 '캇사'해주거나 하는 식으로 일상에서 가깝게 활용하는 치료법입니다. 유명한 서태후도 미용을 위해서 '캇사'를 얼굴 마사지에 사용했다고 하지요. 그렇지만 실제로 '캇사'가 체계를 갖춘 의학이론으로 성립된 것은 1990년대이며, 미용에 응용하게 된 것은 2000년대에 들어와서입니다. 제가 중국에서 '캇사'를 접했을 때는 컬러 사진을 넣은 여성 독자 취향의 '캇사 미용' 책들이 막 나오기 시작했을 무렵입니다.

일반적인 마사지와 다른 점이라면, '그 사람이 가지고 있는 본래의 치유력을 끌어내는 마사지'라는 점입니다. 이는 면역력을 높이고 자연치유력을 키우는 것을 목적으로 하는 동양의학의 가치관 그 자체라고 할 수 있겠습니다. 시술할 때는 '캇사 플레이트'라는 도구를 사용해 피부에 문질러 자극합니다. 이때 피부에 상처가 나지 않도록 젤이나 크림 같은 윤활제를 바르는 것이 포인트입니다. 저는 현지 학교에서 이론을 배우면서, 저 자신이 지금까지 침과 뜸, 피부미용을 통해 익힌 지식에 비추어 봤을 때 미용 쪽으로도 제대로 된 효과를 낼 수 있도록 '이렇게 하는 편이 더 좋지 않을까?' 하고 다양하게 응용해봤습니다. 그렇게 이런저런 시행착오를 거친 끝에 '시마다식 캇사 마사지'를 정리해서 일본 분들에게 소개하게 된 것입니다.

그렇다면 이 '캇사 마사지'는 어디에 좋은 걸까요? 우선은 맥이 어딘지 몰라도 시술할 수 있다는 점입니다. 침이나 뜸을 쓸 때는 맥을 자극한다는 것이 기본적인 이론입니다만, 초보자가 맥의 위치(점)를 정확히 짚는다는 것은 사실 굉장히 어려운 기술입니다. 그러나 '캇사 마사지'는 경락을 자극하는 것이므로, 라인(선)만 짚을 수 있으면 문제없습니다. 선을 짚는 것은 비교적 간단하고, 맥은 그 경락 위에 있으니 초보자라도 간단히 자극할 수 있습니다. 경락을 자극하면 '기·혈·수분'의 흐름이 원활해지고, "딱히 뭐가 있는 건 아닌데 몸이 안 좋네" 하는 상태를 개선할 수 있습니다. 또 전신의 균형을 잡아주므로, 신진대사가 좋아져 종합적으로 건강한 상태에 이르게 됩니다. 피부를 문지르면 표피의 온도가 서서히 올라가고, 몸이 활성화되어 리프레시 효과가 나타납니다. 아침에 해주면 개운하게 일어날 수 있고, 밤에 해주면 피로가 해소되고 잠도 잘 온답니다. 대충만 해줘도 이렇게 많은 이점들을 누릴 수 있어요.

시마다 씨가 회장을 맡고 있는 '일본캇사협회'의 바디용 캇사(왼쪽), 오리지널 캇사 플레이트(아래 왼쪽), 눈가용 캇사 스틱(아래 오른쪽). 위쪽에 있는 것은 마사지에 곁들여 쓰는 'SHOBI'의 마사지용 젤과 밀크이다.

1.

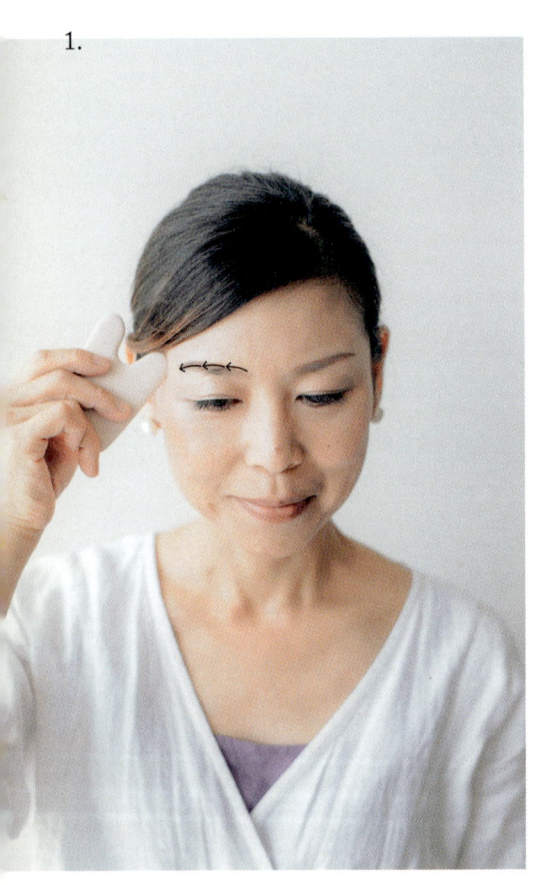

2.

1. 얼굴에 하는 '캇사 마사지'는 얼굴의 굳은 근육들을
하나하나 풀어주고, 노폐물을 내보내는 것이 목적입니다.
먼저 '캇사 플레이트'의 끝을 눈썹 앞머리에 갖다 대고,
눈썹을 3cm씩 세 번에 걸쳐 문지르면서 눈썹 꼬리까지
이동합니다. 이것을 세 번 반복합니다.

2. 그다음에는 눈썹 위쪽에 플레이트 끝을 대고,
눈썹 앞머리부터 눈썹 꼬리 쪽을 향해서 3cm씩
세 번 문지르면서 이동합니다. 이 과정도 마찬가지로
세 번 반복합니다.

3.

3. 그다음 눈밑에 플레이트 끝을 대고, 눈 앞머리에서 눈 꼬리 쪽으로 작은 나선을 그리면서 이동합니다. 마찬가지로 세 번 반복합니다. 눈가의 피부는 얇으므로, 너무 힘을 주어 상하게 문지르지 않도록 주의하세요.

입꼬리에서 턱 쪽으로 패인 마리오네트 라인(불독 주름)부터 팔자 주름, 더 올라가 눈 앞머리까지 플레이트 끝을 대고 아래에서 위로 작은 나선을 그리며 올라갑니다. 이것을 세 번 반복합니다. 꾸준히 하면 눈에 보이는 효과가 나타난답니다.

'캇사'는 여성이 나이를 먹어가며 신경 쓰게 되는 노화에도 특효약입니다. 저는 몇 년 전에 휴대폰을 스마트폰으로 바꾼 이후 노안이 급격히 진행되어, 멀리 있는 것도 가까이 있는 것도 보고나면 금방 눈이 피곤해지는 상태가 되었어요. 그런데 매일 아침 의식적으로 눈가에 '캇사'를 해줬더니, 시력이 회복되었답니다. 또 나이가 들며 자연스레 깊어지는 눈가 주름과 팔자 주름, 얼굴 처짐 등에도 리프팅 효과가 있는 '캇사'는 매우 훌륭한 요법이 됩니다. 캇사 플레이트와 윤활제만 있으면 되니 자리 차지할 일도 없고 부작용도 걱정할 필요가 없어요. 필요한 것은 끈기 있게 계속해나갈 수 있는 약간의 '의지' 정도랄까요.

젊을 때는 컨디션이 좋지 않아도 금방 회복이 되지만, 쉰을 넘어가면서부터는 컨디션이 안 좋아지고 난 후에 대처를 하는 것이 아니라 평소에 몸 상태를 '잘 관리해두는 것'이 무엇보다 중요해진다고 생각해요. 그 '관리'의 한 가지 수단으로 '캇사 마사지'는 매우 좋은 선택이라 생각합니다.

시마다 씨가 중국에서 발견한 '구아샤' 도서와.
학교에서 썼던 교과서. 물론 전부 중국어로 되어 있다.
사전을 옆에 끼고, 직접 해보면서 지식을 몸에 익혔다.

'신장'의 경락을 자극하는 노화 대책

동양의학에서는 몸 안의 기, 혈이 통하는 길을 '경락'이라 부른다고 하지요. 이 경락은 각각 다양한 역할을 합니다. 가령 '폐'의 경락은 호흡과 피부, 수분과 관련되어 있다고 알려져 있습니다. 폐가 호흡에 관계되어 있다는 것이야 바로 이해할 수 있지만 피부는 의외다 싶을지도 모르겠어요. 그렇지만 '건포마찰(마른 수건으로 몸을 강하게 마찰하는 것-역주)을 하면 감기에 걸리지 않는다'라는 것을 생각해볼까요. 이는 피부를 문질러 탄력 있게 만들면 폐가 단련되어 감기에 걸리지 않는다는 식으로 이해할 수 있습니다. 마찬가지로 '간'의 경락은 혈액 순환과 스트레스에 관여하고, '지라'의 경락은 소화 활동을 비롯해 '혈액이 혈관 밖으로 새지 않게 하는' 등 동양의학에서 말하는 기능들이 있습니다.

우리들이 신경 쓰는 '노화'에 관여하는 것은 '신장'의 경락입니다. '신장'은 전신의 수분을 조절하고 몸의 각종 기능을 높이며 기력을 저축해두는 장기입니다. '기력'에는 두 종류가 있어, 태어나면서부터 가지고 나와 더 이상 늘어나지 않는 '선천적 기'와 음식과 호흡법 등과 큰 상관관계가 있어 어떻게 하느냐에 따라 더 늘어날 수 있는 '후천적 기'가 있습니다. '신장'은 그 두 가지를 비축해두는 장소입니다. 이렇게 비축해두는 양이 많은지 적은지가 곧 성장과 노화에 큰 영향을 줍니다. 흰머리나 주름이 느는 것, 피부 윤기가 떨어지는 것, 골다공증 같은 노화 현상은 이 '신장'의 기력이 떨어지면서 생기는 현상입니다.

'신장'의 경락은 발 뒤쪽에서 시작해 다리 안쪽을 타고 배꼽 옆을 지나 쇄골 밑에서 끝납니다. 자신이 직접 이 경락을 활성화하려면 특히 무릎 아래쪽, 다리 안쪽에 있는 뼈(종아리뼈) 끝의 장딴지 쪽 라인을 가볍게 문질러주면 좋습니다. 이곳의 흐름을 잘 풀어주면 안티에이징 효과도 있다고 하네요.

인간의 몸에는 무수히 많은 맥이 있지만, 내장과 깊이 연관되어 중요한 맥은 '원혈'이라 불리며 12군데가 있습니다. 그중 하나로 복사뼈 옆에 있는 '태계(太溪)'는 '신장'과 깊이 관련된 맥입니다. 여기도 정기적으로 자극해주면 좋아요.

이런 맥들을 마사지할 때는 '캇사 스틱'이라는 도구를 추천합니다. 천연석으로 만든 막대 모양 도구로, 컵에 50도 정도의 물을 넣고 3분간 담가서 따뜻하게 만든 다음 사용합니다. 뜸이 하는 역할을 더 손쉽게 할 수 있도록 만든 '온(溫) 캇사'입니다. 굵기도 어느 정도 있어서, 맥 위치를 대략만 알면 효과를 볼 수 있습니다.

'신장'의 경락에 효과적인 '온 캇사'

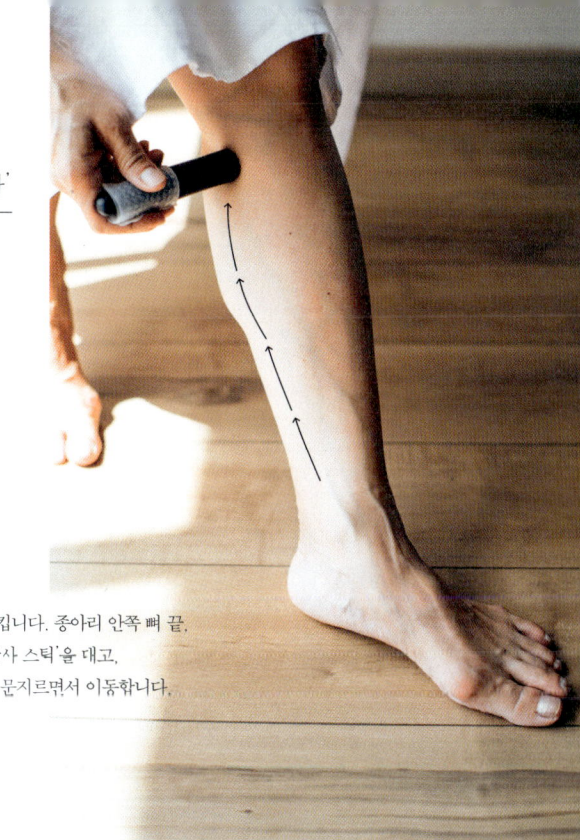

'신장'의 경락을 활성화시킵니다. 종아리 안쪽 **뼈** 끝,
장딴지 쪽 라인에 굵은 '캇사 스틱'을 대고,
밑에서 위로 5cm씩 세 번 문지르면서 이동합니다.
이것을 세 번 반복합니다.

그다음에는 가는 스틱을 가지고 '태계'(안쪽 복사**뼈**와
아킬레스건 사이에 움푹 들어간 곳)라 하는 맥을
눌러줍니다. 서서히 **따뜻해지면** 스틱을 떼었다가,
다시 눌러주는 것을 여러 번 반복합니다.
양쪽 발 모두 해줍니다.

121

'안티 에이징'이 아닌 '슬로 에이징'

앞에서 '안티 에이징'이라는 단어를 써버렸지만, 사실 저는 이 단어를 별로 좋아하지 않아요. '안티'라고 하면 뭔가 '저항'하는 느낌이 들지요. 요즘은 '미마녀(美魔女, 재색을 겸비한 서른다섯 이상의 여성들 중 마치 마법에라도 걸린 듯이 나이를 느낄 수 없을 정도로 아름다움을 유지하고 있는 여성들을 가리키는 일본의 신조어다.-역주)'라는 단어도 생기고, "어려 보여요"라는 말이 칭찬이기도 할 만큼, 유럽이나 미국과 비교해도 일본인은 '계속 젊게 있고 싶은 욕망'이 매우 강한 것 같습니다.

그렇지만 당연하게도, 나이를 먹지 않는 사람은 없지요. 다만 막무가내로 시간을 멈추고 싶어 하거나 젊었던 과거만을 바라보며 사는 것은 부자연스럽고, 50대 60대 그리고 그 이후로도 그 나이에 맞는 반짝임과 성숙미가 있다면 좋겠습니다. 중요한 것은 '나이를 먹어가는 것'을 제대로 받아들이되, 그 속도는 가능한 천천히 서서히 진행되도록 '마음'과 '몸' 양쪽으로 준비를 해두는 것이 아닐까요. 노화와 능숙하게 관계를 맺고, 여유롭게 나이를 먹어가는 '슬로 에이징'의 가치관인 것입니다.

이를 위해서는 먼저 역설적이지만 '늙어가는 자신'을 자각하는 것이 중요합니다. 노화란 곧 '나이가 들어감에 따라 생리기능이 저하되는 것'입니다. 아무리 무리를 해도 하룻밤 자고 나면 금방 회복되던 젊은 시절처럼 무의식적으로 몸을 쓰는 것이 아니라, 이제는 자신의 몸이 하는 말을 듣고 소소한 셀프케어를 해가자고요. 자신의 몸에 어떤 경향이 있고, 어떤 때 컨디션이 무너지며 어떻게 대처해야 원 상태로 돌아오는지, 주의 깊게 관찰하고 실천하기를 반복하는 겁니다. 그리고 부족한 것이 있으면 그것을 보완하는 데 신경을 씁니다. 나이를 들어갈수록 '건강한 상태'와 '아름다움'은 더욱더 밀접한 관계를 맺게 되니까요.

필요한 것은 규칙적인 수면과 식생활, 적당한 운동과 스트레스 없는 생활습관이겠지요. 이렇게 써놓고 보니 굉장히 금욕적인 생활을 떠올릴지도 모르겠네요. 그렇지만 이렇게 말하는 저도 사실은 엄청나게 느려터진데다 운동을 싫어하는 사람이랍니다(웃음). 그래서 '~하면서 운동하기'를 실천하고 있어요. 바닥 청소를 하면서 "이게 운동하는 거야" 하고 제 몸에 말해준다든지, 강아지 산책을 시켜주면서 의식적으로 바른 자세를 잡는다든지 하는 거지요. 굳이 '운동 시간'을 따로 잡아두지도 않고, 피곤하면 "오늘은 그냥 쉬자" 하고 넘어가기도 합니다. 쉬고 컨디션이 돌아오면 다시 조금씩 시작합니다. 그렇게 '계속한다' 것을 항상 신경 쓰고 있습니다. 식생활에 대한 것은 제게는 반쯤은 여가 생활 같은 느낌이기도 해서, 의무적으로 '이걸 먹어야 해' 하는 생각이 강하기보다는 "만드는 게 재밌네", "다음엔 저것도 만들어볼까?" 하는 식으로 두근두근 설레는 마음으로 해나가고 있습니다.

지금까지 정말 많은 여성분들의 몸을 대하며 살아왔지만, 새삼스레 생각하게 되는 것은 '여자의 일생이란 참 힘든 것이구나' 하는 것입니다. 월경을 시작하고, 출산을 하고, 갱년기를 맞고, 폐경이 되고…… 몸은 늘 호르몬의 영향을 받으며 드라마틱한 변화를 겪어야만 합니다. 그 변화와 제대로 관계를 맺는 것은 정말이지 큰일입니다. 그렇기에 폐경을 맞이하는 40대 후반부터 50대 이후는 그때그때 관리를 해줘야 합니다. 그 관리의 첫걸음은 먼저 자신의 몸을 제대로 '보는 것'이 아닐까요.

갱년기에 필요한 '수분·혈' 식재료

침과 뜸, '캇사' 등 동양의학적으로 미용에 접근해나가다 보면, 결국은 건강에 가장 중요한 '음식'에 이르게 됩니다. 저도 침구사가 되고서 곧 '매일 하는 식사'가 얼마나 중요한지 깨닫게 되어, 처음에는 인도 아유르베다(Ayurveda)의 식사법에 관심을 가졌어요. 그렇지만 아무래도 인도와 일본의 식생활은 차이가 있다 보니, 결국에는 '약선(藥膳)'으로 관심이 옮겨가더군요. 약선이란 중국 의학이론에 바탕을 두고 식재료 각각의 약리작용을 조화롭게 맞춘 식사를 이릅니다. 매일 먹는 밥으로 몸을 건강하게 하는 방법입니다. 30대 초반에는 '베이징 중의약 대학교'의 일본분교에 입학해 약선을 공부했습니다. 당시 학교에서 쓰는 교재는 모두 중국어로 되어 있었고, 몸을 덥혀주는지 차갑게 하는지 같은 온갖 식재료들의 성질을 죄다 외워야만 해서 굉장히 힘들었는데 그래도 덕분에 많은 것을 배웠습니다.

갱년기를 맞이한 여성은 몸에 열이 오른다든지 현기증, 이명이 나타나거나 자면서 식은땀을 흘린다든지 하는 부정수소증후군 증상으로 고생하는데, 이는 약선으로 치면 '음허(陰虛)'라고 하는 체내 수분 부족으로 필요 없는 열들이 고여 있는 상태입니다. 이 '수분'을 보충해주는 식재료로는 흰 목이버섯, 두부, 오징어 등이 좋습니다. 이와는 별도로 푸석거리는 피부, 탈모, 집중력 저하, 현기증 같은 증상으로 고민하는 분이라면 '혈허(血虛)'일 가능성이 높습니다. 이는 전신을 순환하는 혈액이 부족하거나 순환력이 떨어진 상태를 말합니다. 혈액을 보충하는 데에는 구기자 열매와 대추가 좋고, 혈액 순환을 도우려면 말린 잇꽃 같은 식재료가 좋아요. 이런 식으로 어떤 시재료를 보완하면 좋을지 머릿속에 넣어두고 있으면, 평소에 '먹는 것'으로 컨디션 난조를 완화시킬 수 있습니다.

최근에는 새롭게 '동양의학 라이프 크리에이티브협회'라는 단체를 설립해, 2015년 가을부터 본격적으로 활동하기 시작했습니다. '약선'과 '캇사' 등을 통해 셀프케어 · 관리 등을 할 수 있는 사람을 기르고자 하는 시도입니다. "의욕이 없다", "나른하다", "기분이 우울하다"처럼 딱히 병명이 붙지 않는 약간의 컨디션 난조를 동양의학에서는 '미병(未病)'이라 부르는데, 갱년기장애 같은 '미병'은 그야말로 동양의학의 특기 분야라 할 수 있습니다. 마침 현대 일본은 의료비 증대가 큰 사회문제가 되고 있지요. 그런 점에서도 의료를 안일하게 병원에만 맡길 것이 아니라 각자가 스스로 컨디션 난조를 개선할 수 있도록 일상에 약간의 약선 지식을 활용하는 것은 다가올 시대에 매우 합당한 일이 아닌가 생각합니다.

'수분'을 보충해주는 흰 목이버섯, '혈액'을 보충해 잘 순환하게 하는 구기자 열매, 잇꽃, 대추는
말린 것을 항상 준비해둔다. 목이버섯은 샐러드나 초무침에, 잇꽃은 수프나 차에 넣어 먹는다.
구기자 열매와 대추는 콩가루로 빵을 만들 때 반죽에 넣어 굽기도 한다.

화장품이 필요 없는 피부 만들기

평소에 "화장품은 어떤 걸 쓰세요?" 하는 질문을 많이 받습니다만, 제가 쓰고 있는 거라고는 직접 만든 화장수와 '캇사 마사지 크림'뿐입니다. 시중에 판매되는 크림과 미용액 같은 것들은 일절 쓰지 않습니다(다만 직접 만든 화장수에는 피부 상태와 계절에 따라 보습제를 넣기도 합니다). 매일 아침 얼굴에 '캇사 마사지'를 하고 밤 세안 뒤에 화장수를 부드럽게 발라주면 끝입니다. 제 입으로 말하기는 그렇지만, 이렇게만 해서 항상 매끄러운 피부를 유지하고, 트러블도 전혀 나지 않습니다. 이 말을 하면 모두가 "진짜요?" 하고 놀란답니다.

피부 노화란 피부가 두꺼워지며 부드러움이 사라지는 것을 말합니다. 아기 피부는 만져보면 폭신폭신 부드럽고, 수분도 잔뜩 머금고 있어 윤기가 넘쳐흐릅니다. 그런데 얼굴 뭉침이 축적되면 얼굴 근육이 굳어지고 혈액이나 수분의 순환이 나빠지는 것은 물론 얼굴 윤곽이 평평해집니다. '캇사 마사지'는 피부 표면만이 아니라 안쪽에 있는 근육을 확실히 풀어주어, 피부의 부드러움과 함께 원래의 입체감을 다시 살려줍니다.

'자가 화장수'는 미백과 기미, 주근깨, 아토피 같은 피부 트러블에도 효과가 있다고 알려진 '율무'와 '쌀누룩'을 가지고 만듭니다. 예로부터 "누룩을 다루는 양조장이나 장을 담그는 사람의 손은 곱고 매끈하다"고들 했는데, 실제로 써보면 그 효과는 탁월합니다. 쓸데없는 것들이 첨가되어 있지 않으니 안심할 수 있고(전부 다 먹을 수 있을 정도로 안심할 수 있고 안전한 것들이지요), 고가 화장품과 비교해보면 가격도 놀랄 정도로 저렴합니다. 방부제가 들어가지 않는 만큼 조금씩 직접 만들어 쓸수밖에 없지만, 그래도 그렇게 많은 수고가 들지는 않습니다. 화장품을 이것저것 사서 그걸 하나하나 피부에 바르고 하는 걸 생각해보면, 일주일에 한 번씩 화장수를 직접 만드는 습관을 몸에 익히는 편이 제게는 훨씬 편한 일입니다.

선을 앞두고 있는 시마다 씨의 피부는 놀랄 정도로 투명하다.
칸사 마사지와 직접 맞든 화장수를 쓰는 것밖에 없는데,
정말 촉촉하고 매끄러운 피부를 자랑한다.

냄비에 물과 율무를 넣고 끓여서 우린 물을 식힌 다음,
여기에 쌀누룩과 피부미용에 효과가 좋다는 로즈메리, 장미를
넣어서 만든 자가 화장수. 냉장고에 보관하고, 일주일을 기준으로
다 쓰고 새로 만든다. 누룩의 효과로 피부가 매끈매끈해진다.

컨디션이 회복되는 '저당질 생활'

마흔다섯이 지났을 무렵, '드디어 갱년기가 온 건가' 싶었을 정도로 몸의 컨디션이 좋지 않았던 때가 있었습니다. 시종 나른하고 몸이 평소 같지 않고, 일하다 짬이 날 때면 앉아 있을 수가 없어 소파에 쓰러져버리는 날들이었습니다. 거기다 눈 표면이 쑤시고, 하반신은 탱탱 부어서 3년 전에 샀던 바지가 들어가지도 않을 정도였습니다. 오후에는 식은땀이 나고 손이 살짝씩 떨리기도 했습니다.

몸이 왜 이러는지 알아보다가 '이거 저혈당증 증상인 건가?' 하고 깨닫게 되어, 다이어트식단으로 주목을 받고 있었던 '당질 제한(과자와 밥 등 당질 섭취량을 제한하는 것)'을 알게 되었습니다. 저도 처음에는 '밥을 안 먹는 건강법이라니 말도 안 된다'고 생각했지만, 관련 서적들을 탐독하다 보니 신세계가 열리더군요. 시험 삼아 2주간 집에서 식사를 할 때 당질을 뺀 식단을 실천해봤습니다. 그랬더니 앞서 이야기했던 증상들이 순식간에 사라진 겁니다. 그 후 당뇨병 전문의가 운영하는 클리닉에서 '당부하검사'를 받으며 혈당과 인슐린 수치를 재본 결과, 저는 역시나 '당 대사이상증'이라는 저혈당증을 유발하는 체질이라는 진단이 나왔습니다. 그래서 다시 '저당질 생활'에 대해 자세히 알아보고, 조리사 학교에도 다니며, 그에 맞는 식사에도 신경을 쓰게 되었습니다. 그런데 사실 이러한 컨디션 난조를 느끼는 분들이 생각보다 훨씬 많더군요.

콩가루를 레드와인으로 반죽한 저당질 빵 안에는 촉촉하게 해주는
크림치즈를 넣었다.
아래 사진의 피낭시에 3종은 콩가루와 혈낭지를 높이지 않는
칼로리 제로이 천연조미료 '라칸토(LAKANTO) S'를 써서 만든 것이다.

저는 옛날부터 몸이 잘 붓는 체질이어서, 몸의 수분을 어떻게 배출하느냐 하는 문제가 과장처럼 들릴지 모르겠지만 거의 '인생의 화두'였습니다. 마사지도 받아보고, 사우나에도 가고, 반신욕도 해보고……. 희한한 것은 몸을 붓게 한다는 '염분'을 그렇게 많이 섭취하지 않았을 때도 몸은 부었다는 거예요. 그 답도 사실은 '당질'에 있었습니다. 당은 1g당 3~4g의 수분을 함유하고 있다고 합니다. 동양의학에서는 필요 없는 수분이 정체되어 있는 체질을 수체(水滯) 또는 수독(水毒)이라 하는데, '몸이 나른하고' '몸이 차고' '현기증이 잘 나는' 등의 증상을 보입니다. 만약 이러한 컨디션 난조를 겪는 분이라면 평소 식사 때 '당질을 너무 많이 섭취하고 있지는 않은지' 한번 돌아보시길 권해드립니다.

물론 밥을 나쁜 것으로 치부하려는 것은 아닙니다. '밥을 비롯한 당질을 섭취하는 데는 주의가 필요하다'는 점을 조금 생각해주셨으면 하는 거예요. 하루 한 끼는 당질 제한을 해본다든지, 쌀 섭취량을 지금까지 먹어온 것보다 줄여본다든지 하는 거지요. 그러다 보면 계속되어온 컨디션 난조가 어느 순간 극적으로 회복되는 실마리를 얻게 될지도 몰라요.

"약선을 챙길 때 있으면 편한 것이 바로 테린 (Terrine, 잘게 썬 고기와 지방을 도자기 냄비에 담아 오븐에서 중탕으로 익힌 것-역주) 이에요"라는 시마다 씨. 자신의 몸 상태에 맞춘 테린을 만들어두면 손쉽게 영양을 섭취할 수 있다. 약선은 꾸준히 하는 것이 관건. 귀여운 용기들을 모아두면 기분도 절로 좋아질 것 같다.

연어 테린이나 로스트비프는 소화가 잘 되도록 감주를 넣어 만든다.
오른쪽 아래에 보이는 것은 '히시오'라는 일본의 옛날 간장에 절여 직접 만든 육포이다.
단백질을 쉽게 효과적으로 섭취하는 것이 무리 없는 저당질 생활의 핵심이다.

발효식품 섭취하기

식생활과 관련해 이것저것 고심하는 동안 예로부터 전해져온 전통 음식의 지혜, '발효식품'이 얼마나 대단한지 차츰 관심을 갖게 되었습니다. 발효란 미생물(일본에서는 특히 누룩)의 작용으로 음식물 안에 있던 당질과 단백질, 전분 등이 분해되어 우리 몸에 유익한 새로운 성분들이 만들어지는 것을 말합니다. 거기다 맛이 깊어져 한층 맛있어지고, 장기보존도 가능해지지요. 새삼 조상들의 지혜에 머리가 숙여집니다.

저당질 식생활에 신경 쓰게 되면서부터 그전보다 조금 더 많이 육류와 생선 같은 단백질을 섭취하게 되었습니다. 이러한 단백질도 발효식품과 만나면 분해가 촉진되어 아미노산이 되는 만큼 소화 흡수가 빠르게 된다는 장점이 있습니다. 예를 들어 고기를 감주나 된장에 절이면 그대로 굽거나 쪄서 먹는 것보다 소화가 잘 되고, 영양분 흡수도 잘 된답니다.

발효 작용에 눈 뜨게 되면서, 발효식품 역시 시중에 판매하는 것 대신 스스로 담가 보고 싶어졌습니다. 된장이며 겨된장은 물론이고, 간장과 '히시오'같은 것도 직접 만들 수 있게 되었어요. 특히 감주는 일주일에 한 번 정도 정기적으로 담가서, 마시기도 하고 요리에 활용하기도 합니다. 다양한 발효음식들과 함께 살다 보면 늘 상 있는 균들이 피부에 좋은 영향을 전해주는 것 같은 기분이 들어요. 그리고 발효식품들을 가까이에 놓아두면 서로서로 의지하면서 발효가 잘 진행될 수 있게 해준다고 하네요.

요즘은 어디에나 '이것이 몸에 좋다'는 정보들이 넘쳐나지만, 사람 몸은 각자 다 다르므로 '음식'은 좀 더 개인적으로 생각해야만 한다고 믿어요. 저는 저당질 식습관과 발효식품의 조화가 저와 굉장히 잘 맞아서, 컨디션 난조로 고생했던 시기와 비교하면 훨씬 기운차게 살아갈 수 있게 되었습니다. 기분 좋게 하루하루 살아가기 위해 중요한 것은 '자신에게 맞는 식습관을 발견하는 것'이 아닐까요.

죽 늘어서 있는 발효
조미료들. 직접 만든 간장,
히시오, 차오톈조우(朝天椒,
빨간 고추와 누룩으로 만든
중국 조미료), 산쇼즈케
(三升漬, 홋카이도와
동북지방의 향토 음식으로
청고추, 간장, 누룩으로
만든 조미료), 마늘 히시오,
겨된장……. 연구가 체질인
시마다 씨의 성향이
고스란히 보인다.

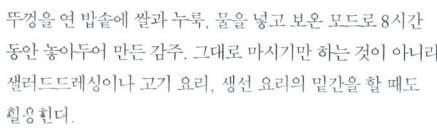

뚜껑을 연 밥솥에 쌀과 누룩, 물을 넣고 보온 모드로 8시간
동안 놓아두어 만든 감주. 그대로 마시기만 하는 것이 아니라
샐러드드레싱이나 고기 요리, 생선 요리의 밑간을 할 때도
활용된다.

137

바른 자세로, 바르게 걷기

요즘 일본인들은 갈수록 '걷기'에 서툴러지는 것 같아요. 다양한 아시아인들이 잔뜩 몰려드는 해외 관광지에서도, 걷는 모습을 보면 "아, 저 사람 일본인이다" 하고 바로 알아볼 수 있을 정도예요. 구체적으로 얘기하면 무릎을 굽히며 걷는다고 할까요. 그렇게 걷는 것은 극단적으로 말하면 '투명 의자'에 앉듯이 걷는 것과 같다고 할 수 있습니다. 무릎에도 부담이 가고, 넓적다리도 점점 두꺼워진답니다.

제가 관찰해보니, 여성의 O자 다리는 50대부터 시작되더군요. '무릎이 아프다', '허리가 아프다' 한탄하며 안짱다리로 걷는 나이 든 사람의 모습을 떠올려볼 수 있나요? 그것은 골반을 지탱하는 근육이 약해져 서서히 바른 자세를 유지할 수 없게 된 탓입니다. 자세를 유지할 수 없으니 등이 둥글게 굽고, 배도 뽈록 나오게 되는 겁니다. 몸이 편하다고 무릎을 구부리고 어기적어기적 망가진 자세로 자꾸 걷다 보면, 나도 모르는 사이에 안짱다리라는 미래로 한 걸음 한 걸음 다가가는 거예요.

반대로 말하면 바른 자세, 바르게 걷기를 늘 신경 쓰는 것 자체가 근육 트레이닝이 되며 체형을 유지하는 핵심이라는 것이지요. 길거리에서도 나이는 비슷해 보이는데 어딘가 '더 나이 든' 분위기를 풍기는 사람과 항상 등을 반듯하게 펴고 다니는 사람을 보면서 생각하는 것이지만, 그 차이는 오랜 시간에 걸친 걷기와 자세에서 비롯된 것입니다. 그리고 그 분기점은 50대부터 시작됩니다.

바르게 걷는 요령은 등 근육을 쫙 펴고, 배꼽을 무게중심으로 삼아 걷는 것입니다. 이렇게 하면 골반이 바로 서게 되어, 내장도 제 위치에 있게 됩니다. 골반이 비뚤어지면 몸에 다양한 이상들을 일으키는데, 이를 바로잡으면 신진대사력도 향상되고 자연치유력도 높아진다고 합니다. 다리를 차듯이 걷게 되므로, 엉덩이며 넓적다리 안쪽 근육도 단련되어 몸의 태를 살려주는 효과도 있습니다.

걷기란 일상적인 활동인 만큼 따로 트레이닝 시간을 뺄 필요도 없습니다. 저도 업무나 쇼핑으로 외출할 때, 강아지 산책을 시킬 때 문득 의식하는 정도니까요. 단지 이 일상적인 동작을 의식적으로 행하느냐 마느냐가 중대한 갈림길이라고 생각하고 있습니다.

립스틱 바르기를 권장했더니, 노인들의 기저귀 사용률이 떨어졌다는 리서치 결과도 있다고 합니다. '제대로 하겠다'는 마음가짐은 결코 무시할 수 없는 것입니다. 나이가 들어도, 아름다운 모습으로 서 있을 수 있도록 지금부터 바른 자세, 바르게 걷기를 신경 써보는 것이 어떨까요?

애견 RYU쨩을 산책시키는 것은 하루에 두 번, 이 시간은 스스로를 위한 걷기 시간이기도 하다. 등근육과 무릎 아래를 쫙 펴고, 바르게 걷는다. 이때는 신고 있기만 해도 바른 자세를 유지해주고 몸 전체를 단련해주는 'MBT'의 스니커즈를 꼭 신는다.

자기만의 낙을 일상 속으로

"사람의 몸과 마음은 이어져 있다" 근 30여 년이 걸린 끝에 마침내 서양의학에서도 이 가치관을 다시 보게 되었습니다만, 이는 동양의학의 세계에서는 이미 3천 년 전부터 이야기되었던 진리지요. 몸이 편해지면 마음도 편해지고, 마음이 건강해지면 몸의 컨디션 난조도 회복됩니다. 닭과 달걀의 관계처럼, 몸의 건강을 생각할 때 마음의 건강도 함께 생각하는 것이 정말 중요합니다.

꼭 그래서만은 아니지만, 나이 든 여성이야말로 무언가에 흥미를 가지거나 마음이 두근두근 뛸 정도의 취미가 있는 것이 중요합니다. 밤에 자기 전에 '내일은 저걸 해보자', '그걸 조사해볼까', '저걸 만들어봐야겠네'…… 이러한 것들을 생각하며, '내일이 오기까지 기다리기가 힘들어!' 싶어질 정도의 즐거운 무언가가 있으면 좋아요. 제게 그 '무언가'는 저당질 빵 만들기이기도 하고 독서가 되기도 합니다. 무언가에 몰두하게 되면 시간 가는 것도 잊고 온통 집중해버려서, 가족들도 두 손 두 발 들었을 지경입니다. 그렇지만 그러한 '낙'이 있어서, 몸 안에 좋은 기운이 흐르고 갱년기라는 것도 침착하게 극복할 수 있을 것 같은 기분이 듭니다.

"제 인생을 돌아보면 언제나 바로 곁에는 책이 있었어요"라는
시마다 씨. 관심이 가는 대상에 대해서는 전문서적도 몇 권이고 모아서
탐구하는 과정을 반복하며 살아왔다.

최근 음식 건강과 인상의 관계에
관심을 갖고 있다. 에도시대 중기에
살았던 관상학의 대가 미즈노 난보쿠,
대만의 관상 진찰가 리 지아싱(李家雄,
Li Jiaxiong) 씨의 저서들이 즐비하다.

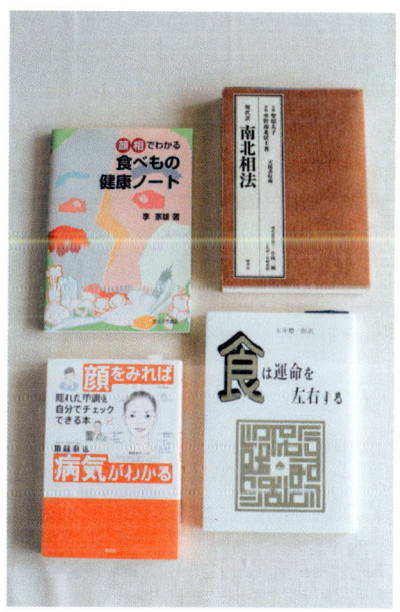

143

03.   Beauty   Sumiko Shimada

침구원에 근무했을 때 환자 중에 있었던 화가 선생님이 결혼 축하 기념으로 선물해준 그림. 즈시시에 있는 히로야마 공원에서 바라본 강과 섬의 풍경을 그린 그림인데, 자택 현관에 걸어놓았다.

어렸을 때부터 몇 번이고 재방송을 본 미국 텔레비전드라마 '그녀는 요술쟁이(bewitched)'의 DVD세트. 60~70년대의 패션과 인테리어를 보는 것만으로도 즐거워서, 기분전환에 최고라고.

'주방 약선'을 실현하기 위해, 주방에 항상 놓
아두는 '향신료 세트'. 병이 귀여운 'ASAOKA
SPICE'의 향신료들을 중심으로, 그 외의 것들은
한 번에 여러 개를 사둔 병에 담아서 둔다.

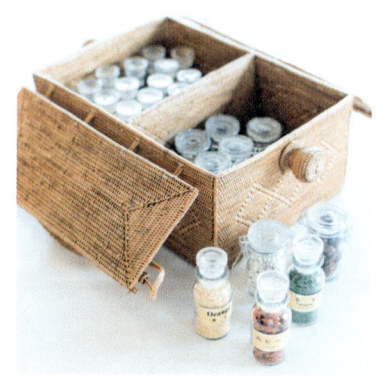

함께 생활하고 있는 애견 'RYU' 짱, 매일매일 위
안을 줄 뿐 아니라 '도그(Dog) 캇사'나 애견용 약
선의 아이디어를 떠올리게 해주는 등 다양한 발견
의 소재가 되어주는 소중한 가족이다.

인도의 전통 현악기 에스라지(Esraj) 연주자이며
작곡가이기도 한 고고 타카시의 CD앨범들. 십여
년 전부터 애청했는데, 그 후 인연이 닿아 살롱에
서 틀 오리지널 CD를 제작해주었단다.

음식

Eating

Chapter 04.

Eating

오하라 치즈루

Chizuru Oohara

교토 안쪽에 위치한 유명 요리 료칸 '미야마소(美山莊)'에서 태어나, 어렸을 때부터 가업을 도우며 요리 실력을 갈고 닦았던 오하라 씨. 유서 깊은 교토의 생활문화를 현재형으로 구현해나가면서, 상냥하고 싹싹하게 요리의 즐거움을 전하고 있다. 교토에서 살아가고 생활하는 사람으로서의 시선을 굳게 유지하고 있으며, 언제나 '생명을 살리는 것'을 의식하고 '알뜰한 살림'을 목표로 하는 자세에서 건강미와 청량함이 흘러넘친다.

저는 교토 시내에서 차로 1시간 정도 들어가는 산골 마을, 하나세(花背)에서 요리
료칸을 운영하고 있는 집안에서 나고 자랐습니다. 저희 집은 주변에서 자란 들풀
과 산나물들을 캐어 만든 '나물 약선 요리'로 이름나 있어, 철이 들면서부터 산나물
손질이나 물수건 접기 같은 것들을 하며 집안일을 도왔습니다. 열 살쯤에는 가족과
종업원들 몫의 20인분 식사를 척척 준비할 정도였다니까요.

제가 요리사로 일을 시작했을 무렵은 세 아이를 키우고 시어머니를 놀보느라 정
신없이 바쁘던 시기였습니다. 요리에 관한 저의 첫 번째 일은 여배우 한 분과 니
시키시장('교토의 부엌'이란 별명이 붙을 정도로 다양한 식재료로 유명한 교토의
시장-역주)에서 함께 장을 보면서 요리를 소개하는 기획 취재였습니다. 감사하게
도 그 기획이 실린 지면이 호평을 받아, 점점 이런저런 의뢰들이 늘어나더군요. 정
말 힘들었던 시기였지만, 어렸을 때부터 해온 요리가 사람들의 기쁨이 되고 도움
이 된다는 것이 정말 좋았습니다. 밖에서 일하던 여성이 출산이나 부모님 수발 등
의 사정으로 집에 있게 되면 소외감이나 고독감을 느낀다고 하는데, 저도 일을 하
면서 비로소 몸과 마음이 열렸다고 할까요. 자신을 표현할 수 있는 장소가 생겨서
무척 행복했습니다.

그래서만은 아니지만, 제가 요리사로서 여러분에게 전하고 싶은 것은 세세한 요리
기술이나 신귀안 식재료에 대한 지식, 공들여 개발한 레시피 소개 같은 것보다는
"레시피를 그대로 다 따라하는 대신 나만의 맛을 만들어내는 것이 훨씬 더 맛있어
요", "요리는 원래 재미있는 것이니, 여러 가지 의미로 즐겨주셨으면 좋겠어요" 같
은 것들입니다. 여성의 일생은 일이며 집안일이며 육아까지 정말로 눈코 뜰 새 없

이 몰아치지만, 요리를 즐길 수 있는 사람이라면 인생을 즐길 수 있는 힘도 붙는다고 믿습니다. 막상 요리를 시작해보면, 스스로의 마음도 정돈이 되고 주변 사람들에게도 기쁨이 됩니다. 손을 움직이면 움직일수록 몸에 익어서, 무엇보다 자기 자신이 충족감과 행복을 느낄 수 있는 수단이 된다고 믿습니다.

이제 쉰을 바라보는 나이가 되자, 저도 비로소 헤매지 않게 되었습니다. 젊었을 때는 주변에 맞춰서 '이렇게 해두는 게 무난하려나' 싶은 마음으로 일을 하기도 했습니다만, 이제는 그것이 '좋은지 싫은지', '하고 싶은지 하기 싫은지' 직관적으로 결정을 내릴 수 있어요. 헤매는 시간이 아깝기도 하고 쓸데없는 일, 괜한 관계를 이어가는 시간도 아깝습니다(웃음). 교토 사람은 '알뜰스럽다'고 표현하는데, 저는 이 말을 절약하거나 인색하다는 의미가 아니라 '낭비를 하지 않는다'는 의미로 받아들이고 있습니다. 이제부터 나이를 먹어가면서 군더더기들을 깎아내고 정말로 필요한 것들만 소중히 여기며, 마음도 몸도 '알뜰스러운 생활'을 해나가고 싶습니다.

일식은 합리적인 요리

2013년에 '일식'이 유네스코 무형문화재에 등재된 일이 조금은 영향을 미쳤을지 모르겠지만, 감사하게도 최근 제게 '일식을 배우고 싶다'며 찾아오는 분들이 늘었습니다. 조금 놀란 점은 그런 분들이 하나같이 '일식은 어렵다'는 생각을 갖고 있다는 점이었습니다. 어렵다 보니 만들 생각도 잘 들지 않고 귀찮은 일이 되어버린 겁니다. 그렇지만 저는 일식이 사실은 가장 간단한 요리라고 생각합니다. '뺄셈의 요리'이기 때문이지요. 물론 고급 음식점에서 공들여 내는 요리와는 별개로, 일반 가정에서 만드는 일식은 군더더기들을 굳이 곁들이지 않아도 되고, 조미료도 최소한의 것들만 있으면 충분합니다.

저희 집에 늘 준비해두는 조미료는 국간장, 진간장, 소금, 된장, 식초, 미림입니다. 여기에 플러스 술과 설탕 정도일까요. 이 여덟 가지로 대부분의 요리를 합니다. 식초 하나만 봐도 와인비니거에 애플비니거 등 여러 종류를 갖춰둬야 한다고 생각하는 분들도 많겠지만, 예를 들어 '와인비니거 같은 맛'은 식초에 미림을 살짝 더해 만들 수 있습니다. 중화요리에서도 춘장 맛을 내려면 붉은 된장(아카미소)과 설탕, 간장, 참기름을 섞으면 됩니다. 대부분 지금 가지고 있는 조미료들을 잘 조합해서 응용할 수 있습니다. 상비해둔 조미료가 적으면, 회전율이 빨라져 맛이 떨어질 일도 없고, 무엇보다 '나만의 맛'을 찾기 쉬워집니다.

매일 활용하는 '물 육수'. 냉수 포트에 다시마 5g,
다시백에 넣은 게즈리부시(육수를 내기 쉽도록 얇게 깎아서
상품으로 낸 가다랑어포-역주) 15g을 넣고 물 2L를 부은
다음 냉장고에 하룻밤 넣어둔다. 다음 날 끓이는 된장국이나
요리에는 모두 이것을 넣는다.

오하라 씨가 애용하는 조미료들. 집에서 쓰는 것도 특별히
비싼 조미료는 쓰지 않고, "근처 가게에서 산 것으로도
충분히 맛있는 요리를 만들 수 있어요"란다.
설탕은 비정제 설탕을 애용한다.

거기다 일식에는 패스트푸드처럼 활용할 수 있는 가공식품들이 많습니다. 두부, 유부, 튀긴 두부(아쓰아게, 나마아게), 유바(콩가루를 섞은 두유를 끓여서 그 표면에 응고된 얇은 막을 걷어내 말린 것으로 우리말로는 보통 '두부껍질'이라 한다.-역주), 나마후(생 밀기울로 만든 조리용 떡-역주)……. 여기에 치쿠와(다진 생선살에 소금과 조미료를 섞은 것을 가운데가 뚫린 대나무 대롱 모양으로 다듬어 구운 것-역주)나 한펜(반죽한 생선살을 반달 모양으로 썰어 삶은 것-역주)처럼 반죽해 군힌 식재료들도 있지요. 썰어서 바로 먹을 수 있고, 구워서 바로 먹을 수 있는 것들이 정말 산처럼 많다는 건 대단하지 않나요? 반대로 건어물이나 훈제식품, 소금 절임, 된장 절임 등 오래 두고 먹을 수 있는 것들도 얼마든지 있으니, 이러한 식품들을 항상 마련해두고 먹으면서 그 위에 생선을 굽는다든지 고기를 굽는다든지 채소를 썰거나 데쳐 곁들이면 충분히 든든한 한 끼 식사가 됩니다.

나이를 먹으면 칼로리 섭취량을 아무래도 신경 쓰게 됩니다만, 일식은 평범하게 만들면 칼로리가 그다지 높지 않습니다. 거기다 육수의 감칠맛에 눈을 뜨면 괜히 다른 맛을 첨가할 필요도 없고, 그렇게 많이 먹을 필요도 없어질 거예요. 감칠맛이 제대로 느껴지지 않으면 염분이 높은 조미료로 맛을 끌어올려야만 만족할 수 있게 되고 몸이 필요로 하는 양 이상을 자꾸 찾게 되는데, 반대로 육수를 제대로 내서 음식을 만들면 입맛도 담백해지고 만족도도 올라갈 겁니다.

육수를 내는 것도, 커다란 냄비를 달군 다음 산더미 같은 가쓰오부시를 넣고 끓여서 거르는 것을 생각하면 왠지 귀찮아져서 그냥 인스턴트 과립 육수를 사고 만다는 분들이 있을지 모르겠어요. 그렇지만 집에서 먹는 것이라면 '물 육수'만으로도 충분합니다. 물 육수는 정말 간단히 만들 수 있어요. 냉수용 포트에 잘게 썬 리시리 다시마(홋카이도의 최북단에 있는 리시리 섬은 일본의 청정지역으로 알려져 있으며 여기서 나는 다시마는 단맛과 감칠맛이 강하다고 한다-역주), 다시백에 넣은 혼합 게즈리부시(고등어나 갈고등어가 섞인 가쓰오부시, 그렇지만 일반 가쓰오부시를 써도 됩니다)를 넣고 물을 부은 다음 냉장고에서 하룻밤 놓아두기만 하면 됩니다. 물론 이렇게 해서 끓이면 좋지만, 저는 거기까지는 번거로워서 그냥 물 육수로 만들어 여기서기에 활용합니다. '아, 오늘은 맛있는 맑은 국을 먹고 싶어!' 하는 생각이 드는 날이면 냄비를 달궈 정성껏 육수를 내지만, 일상적인 요리라면 이 육수로 충분합니다. 냉장고에 넣어두기만 하면 되니까 정말 간단하지요?

원래 요리란 그 나름의 기후나 풍토 안에서 오랜 세월을 거치며 형성된 것입니다. 따라서 일본의 요리란, 복잡한 맛들을 가미하지 않고 이 땅에서 나는 제철 채소와 생선 등에 된장, 간장 같은 발효 음식과 육수를 더하기만 해도 충분히 맛있게 먹을 수 있도록 전해져온 것이지요. 육수와 조미료와 제철 식재료. 이 세 가지 기본을 제대로 갖추고 있으면, 그다음은 무엇이든 가능합니다. 일식이란 알고 보면 정말로 '합리적인 요리'랍니다.

오하라 씨가 평소 집에서 먹는
요리는 말 그대로 교토의
'오반자이'(평소에 먹는
반찬이라는 뜻으로, 교토의
전통적인 가정 요리를 의미한다.
-역주). 제철 식재료에 건어물이며
콩 제품 등을 곁들여 불에
살짝 익힌 것들이 대부분이다.
교토에서는 숫자 '8'이 들어간 날에
해조류의 일종인 '대황'을 먹는
풍습이 있단다.

대황조림

재료

대황 15g
유부 40g
당근(가늘고 길게 직각 썰기한 것) 40g
식물성 오일 1큰술
A 육수 1/2컵, 설탕 1큰술, 진간장 2큰술

만드는 법

1. 대황은 물을 넉넉히 부어 20분간 담가뒀다가 꺼낸다. 모래를 털듯이 위에서부터 잡아 소쿠리에 담고, 물을 바꿔가며 두세 번 씻은 뒤 물기를 빼둔다. 유부는 1cm 폭으로 직각 썰기한다.
2. 냄비에 식물성 오일을 넣고 중간불에서 달군 다음, 1에서 준비해둔 대황과 유부, 당근을 넣고 살짝 익힌다. A를 넣고 불을 살짝 줄인 다음 뚜껑을 반 정도 닫고 5분간 익힌다. 익기 시작하면 뚜껑을 열고 한 번씩 저어주면서 국물이 거의 졸아들 때까지 조린다.

달콤한 유바 조림

재료

유바(건조) 30g
A 육수, 술, 설탕, 진간장 각 1큰술
산초나무 열매(생) 1큰술

만드는 법

1. 유바는 끓는 물에 살짝 데쳐서, 먹기 좋은 크기로 자른다.
2. 프라이팬에 A와 산초나무 열매를 넣고 중간불에서 익히고, 끓으면 유바를 넣고 섞으면서 살짝 조린다. 두부껍질에 색이 배기 시작하면 불을 끈다.

양배추와 구조 파 초된장 무침

재료(쉽게 만들 수 있는 분량)

양배추 300g
구조 파(교토의 구조가 주산지인 일본의 청파 중 하나-역주) 2대
A 초된징 재료
시로미소 5큰술, 쌀 식초,
설탕, 잘게 바순 깨 각 2큰술
잘게 푼 겨자 1/2 작은술

만드는 법

1. 양배추는 먹기 좋은 크기로 찢어 살짝 데친 다음 소쿠리에 담아 식힌다. 식으면 물기를 꼭 짜낸다. 구조 파는 살짝 데친 후 물기를 빼고 4~5cm 폭으로 자른다.
2. 초된징 재료 A를 모두 섞은 다음 양배추와 파를 넣고 잘 섞어준다.

'갓'을 맞춘 집밥의 사치

'가정요리에서 최고의 사치란 무엇일까' 생각했을 때, 저에게는 '갓 지은 밥'이 그렇습니다. 가족들이 가장 먹고 싶은 타이밍에 딱 맞춰 갓 지은 밥을 내는 것……. 집밥이니까 가능한 일이기도 하고, 이 이상의 사치는 없는 것 같아요. 그래서 저희 집에서는 색다른 식재료를 물색하거나 공들인 조리법으로 요리를 하는 것보다는 이 '갓 지은' 것을 중요하게 생각하고 있습니다. 보온이나 냉장 보관을 하지 않고, 식사 때마다 바로바로 밥을 짓는 겁니다. 물론 다른 요리들도 시간을 역산해서, 밥이 다 될 시간에 맞춰 완성합니다. '갓 지은', '갓 구운', 저는 이를 "'갓'을 맞춘다"고 표현합니다. 물론 조림 요리 같은 경우 막 조려서 내는 것보다 조금 뜸을 들이면 맛이 더 잘 배므로, "'가장 맛있는' 시점을 맞춘다"고 생각해주시면 좋겠네요.

그래서 '준비'가 중요합니다. 요리는 준비가 80%예요. 저희 집은 현재 아들 둘이 기숙사 생활을 하고 있어서, 남은 가족 셋이서 먹을 밥으로 한 번에 짓는 분량은 쌀 1홉 정도입니다. 이것을 매번 씻어서 밥하는 것도 번거로운 일이라, 한 번에 3회분 정도를 씻어서 각각 용기에 나눠 담아둡니다. 말하자면 자가제 '씻은 쌀'을 준비해놓는 것이랄까요. 또 채소류는 사와서 첫 식사 준비를 할 때 전부 한 번에 썰어두거나 필요한 경우 미리 데쳐두기도 하고 소금을 쳐두기도 합니다. 밥을 할 때 늘 다음 식사를 생각하고 움직이면, 미래의 나 자신이 편해지고 식재료를 버리는 일도 없어집니다.

채소는 어떻게 쓸지 대강
생각해보고 그에 맞춰 큼직하게
썰거나 채썰어둔다. 떫은맛이
나는 뿌리채소류는 물에
담가둔다. 자리 차지를 많이
하는 잎채소류는 비닐봉투를
활용해 보관한다. 오하라 씨
집의 냉장고에는 늘 준비를 마친
식재료들이 대기하고 있다.

저는 아침에 잘 일어나지 못하는 편이라, 일어나자마자 채소를 썰거나 하는 건 아무래도 잘 못해요. 그렇지만 이렇게 준비를 해두면, 밥솥에 밥을 안치고 '쾌속'을 누른 다음(우리 집은 가스레인지가 2구짜리여서 냄비에 밥을 하는 대신 밥솥을 활용합니다) 물 육수에 미리 썰어둔 채소를 넣고 된장국을 끓이거나 생선을 굽거나 야채를 살짝 구우면서, 밥이 다 되는 20분 정도의 시간 안에 아침식사 준비를 끝내게 됩니다. 이렇게 하면 설거지도 최소한으로 끝나고(냄비 하나에 프라이팬 하나, 그릇 정도), 아침부터 갓 지은, 갓 구운 "'갓'을 맞춘 밥"을 먹을 수 있어 "오늘 하루도 힘내보자!"하는 의욕이 생긴답니다.

시간에 쫓기면서 요리를 하는 건 참 힘든 일이에요. 그렇게 되지 않도록, 스스로 컨트롤을 하고 준비를 해두는 것이 중요합니다. 미리 준비를 해두면 시간에 여유가 생깁니다. 일이든 집안일이든 무엇이든 그렇지만, 요리만큼 준비하는 힘을 훈련하기에 좋은 일은 없다고 생각합니다.

요리는 크리에이티브한 것

요리 료칸을 운영해온 집안의 부모님께 특별한 지식이나 기술을 물려받은 것은 없습니다만, "풀 한 포기, 꽃 한 송이에도 생명이 있으니 그것을 헛되이 쓰지 마라"는 가르침을 배웠습니다. 선종의 한 종파인 조동종(曹洞宗)을 믿었던 저희 집안에는 '전좌(典座, 선종 사원에서 식사를 담당하는 직책을 이르는 말로, 이는 중요한 역할이었습니다)'의 가르침이 항상 밑바탕에 깔려 있었습니다. 맛있게 먹어주는 것이 그 재료의 생명을 살리는 길이며, 맛있게 먹을 수 있는 방법을 궁리하고 마련해두는 것이 요리의 '정수'라 배웠습니다.

너무 어렵게 생각할 필요는 없습니다. 예를 들면 어젯밤, 우리 집 냉장고를 열었더니 쭈글쭈글해진 토마토가 있는 겁니다. 그 토마토를 '어떻게 해서 먹으면 맛있을까?' 생각해봅니다. 그대로 썰어서 샐러드에 넣으면 뭔가 부족한 요리가 되지만, 크게크게 썰어 뚝배기에 넣은 다음 냉장고 한쪽에 있던 오징어다리와 지느러미(몸통 끝의 삼각형 부위)를 같이 넣고, 마늘 편과 올리브오일, 바질을 살짝 얹어 익히면 정말이지 맛있는 요리로 거듭난답니다. 이렇게 하면 먹는 사람뿐 아니라 남겨뒀던 오징어 부위도, 토마토도, 전부 행복해지는 것 같습니다. 이러한 것늘을 궁리하고 생각하는 것이 저의 재미랍니다. 무언가를 '살리는' 작업을 했다는 것이 '오늘 하루도 좋은 일을 했다'는 만족감으로도 이어지고요. 물론 요리는 가족들과 다른 사람들을 위해서 하는 것이기도 하지만, 무엇보다 자신이 즐거워야 한다고 믿습니다.

요리라는 말을 하면 떠오르는 에피소드가 있습니다. 제 올케의 친정이 가나자와인데, 그곳에 살고 계시는 할머님이 매년 '카브라즈시'(가나자와의 순무와 방어를 섞어 발효시켜 만든 생선젓-역주)를 담가 저희 집에도 보내주셨답니다. 매해 고대하면서 맛있게 먹었는데, 몇 년 전에 돌아가시고 말았어요. 저도 똑같이 만들어보았지만 아무리 해봐도 그 맛이 나지 않는 거예요. '아아, 이제 그 맛은 다시는 맛볼 수 없겠구나' 하고 몇 년째 그립게 돌아보곤 합니다.

이렇게 요리를 하는 사람은 하나하나가 누군가의 기억과 미각에 자신이 살았던 증거를 남겨두게 됩니다. 새삼 엄청난 일이라는 생각이 듭니다. 레시피나 식재료가 넘쳐나고, 똑같은 주방에 똑같은 조미료를 쓴다고 해도 결코 그 사람과 똑같은 맛을 재현할 수는 없습니다. 요리는 그 사람의 '인격을 나타내는' 것이니까요. 그런 의미에서 요리는 정말로 크리에이티브하며 '살아 있는 가치', '살아 있는 의미'에 상응하는 즐거운 일이라 생각합니다.

아무리 부자여도, 아무리 대저택에 산다 해도.
'음식이 풍요롭지 않으면 행복해질 수 없다'고 말하는 오하라 씨.
반대로 손을 놀리면 확실히 행복을 얻을 수 있는 '음식'은
누구에게든 평등하게 주어지는 행복의 노동.

근처에 있는 단골 두부집과 채소 가게에서 막 나온 두부와 신선한 채소를 사서,
그대로 냄비에 넣어 익힌다. "이렇게 만들어서, 폰즈 소스에 찍어 먹는 것이 정말
큰 즐거움이에요. 소화도 부드럽게 잘 되고, 몸도 마음도 따뜻해진답니다."

식탁에 변화를 가져오는 조리도구

"중장년층에게 추천해주실 만한 조리도구가 있나요?"라는 질문을 받은 적이 있는데, 그 대답으로 '자라냄비'는 어떤가요? 관동지방에서는 다소 낯설 수도 있지만, 자라냄비는 말 그대로 사라냥을 만들 때 쓰는 바닥이 얕은 뚝배기를 말합니다. 관서지방에서는 스키야키부터 샤부샤부에 이르기까지 다양한 요리에 활용하는데, 특히 국물이 적은 음식을 익힐 때 편리하답니다.

저는 자라냄비로 채소를 푹 삶은 찌개를 자주 만듭니다. 바닥에 다시마를 깔고 물을 부어 불 위에 올리고, 끓으면 채소를 듬뿍 넣고 뚜껑을 덮습니다. 채소 종류에 따라 차이는 있지만 몇 분 정도면 익으니 간편하고, 불에 익히면 채소의 숨이 죽어 생으로 먹을 때와 비교하면 양도 충분히 먹을 수 있습니다. 닭고기 완자나 얇게 저민 고기, 두부를 넣거나 마음에 드는 조미료, 향신료를 준비해서 넣어도 좋을 것 같아요. 이 요리 하나에 밥만 지으면, 시간이 없는 날에도 훌륭한 한 끼 식사가 됩니다. 냄비 째로 식탁에 올리면 설거지거리도 줄어들고, 바닥이 얕아서 자리에 앉은 채로 음식을 덜기도 쉽습니다. 이런 도구 하나쯤 있으면, 기분도 좋아지고 여러 가지로 편리하답니다.

레시피를 결정한 다음 장을 보는 것과 수확한 채소를 미리
'이렇게 요리하자' 하고 생각하는 것은 "똑같은 요리를 해도 '발상'이라는 점에서
완전히 다르다"는 오하라 씨. 식재료를 진지한 눈빛으로 바라보는 것이 요리
달인으로 가는 첫 걸음이다.

밭을 일구며 알게 된 '음식'의 의미

저는 교토 외곽에 있는 밭을 임대해 채소를 키우고 있습니다. 원래는 오하라(교토 시 사쿄구의 북동쪽, 교토 채소 산지로도 유명하다)에 있는 10평 정도의 주말농장을 빌렸으나 농장이 폐쇄되면서 그 후 지인의 소개로 산젠인(오하라에 있는 불교 천태종 사원-역주) 주변 땅을 빌렸습니다. 그 당시에는 수확물도 있었답니다. 지금은 일이 바빠져 친척 분의 밭 일부를 빌리는 데 그치고 있지만, 그래도 짬이 나면 밭을 놀려서 땅에 닿을 기회를 가지려 합니다.

밭을 일구면서 절실히 느낀 점은 '먹는 것'의 후함과 엄격함입니다. 일반 가정이라면 슈퍼에 가서, 무 하나를 놓고 살까 말까 정도를 고민하겠지요. 그렇지만 밭을 일구다 보면 같은 시기에 20개, 30개는 거뜬히 수확하게 된답니다. 이것을 '어떻게 활용할까' 이래저래 고민하는 동안 "옛날에는 특정 시기에 집중된 수확을 했으니, 이를 어떻게 보존해 1년 동안의 식탁을 꾸릴 것인가가 '음식'의 중대한 주제였겠구나" 하고 깨닫게 되었습니다. 지금은 슈퍼에 가면 계절에 관계없이 일 년 내내 각종 채소를 살 수 있지만, 비료와 품종 개선, 유통이 발달하지 않은 예전에는 그렇지 않았겠지요. 수확물이 무라면 말리거나 절임으로 만들어 오래 두고 먹는 겁니다. 자신의 밭에 콩을 심을 때도 온 식구가 일 년 내내 먹을 수 있는 된장의 양을 따져보고 그에 맞는 양만큼 키우는 거예요. 이러한 '사람이 하는 노동'의 기본을 밭을 일구며 이해힐 수 있게 되있습니다.

무를 키우면 솎아 낸 것을 먹을 수도 있고, 뿌리는 물론 잎사귀까지 맛있게 먹을 수 있습니다. 아직 딱딱하고 조그마한 첫 무를 맛보고, 맛이 들어 싱싱한 철의 무도 한껏 즐기고, 철 지난 마지막 무까지 각 시기에 맞는 깊은 맛을 누릴 수 있어요. 그것들을 '어떻게 하면 가장 맛있게 먹을 수 있을까' 생각해보는 것은 매우 크리에이티브한 일이며, 커다란 즐거움입니다.

게다가 자연의 후함은 머리가 아닌 마음으로 실감할 수 있었어요. 바빠서 수확하러 가지 못했을 때 땅에 떨어진 채소들이, 다음 해에 문득 정신을 차리고 보면 새싹을 틔우거나 하거든요. 그것을 보고 '아, 이렇게 식물은 살아가는구나' 하는 즐거운 생각이 들어서, '그래, 나도 분발하자!' 하는 힘을 얻어요. 자연은 야채에도, 잡초에도, 인간에게도, 평등하게 엄격하고 평등하게 후합니다.

물론 식재료는 슈퍼에서 사는 편이 몇 배는 더 편하고, 경제적으로도 이득입니다. 그렇지만 밭에는 무엇으로도 대신할 수 없는 귀중한 체험이 있다고 생각합니다.

하루의 나를 격려하는 저녁 반주

이래 봬도(?) 저는 술을 정말 좋아합니다. 거의 매일 저녁에 반주를 하는데, 맥주도 좋아하고 일본주도 좋아하고, 와인을 마실 때는 혼자서 한 병을 다 비워버릴 정도 겁니다(웃음). 식구들과 같이 밥을 먹으면서 조금 마시고, 그 뒤에도 홀짝홀짝 마시면서 오래 걸릴 때는 2시간 가까이 마시기도 합니다. 안주는 저녁밥 반찬으로 시작해 절임, 익힌 채소와 다시마 등으로 합니다. 이러한 안주거리들을 한 번씩 만들어 두는데, 와인을 마실 때는 치즈나 너트를 곁들이기도 합니다.

신기하게도 이렇게 술을 마시고 있을 때야말로 일에 대한 아이디어가 번뜩입니다. 요리의 새로운 맛 조합이라든지 식재료의 조합에 대한 아이디어 말이에요. 일단 마음이 느긋해지니, 낮과는 완전히 다른 발상이 나오는 것이겠지요. 저는 반주를 하는 이 시간을 '두근두근 타임'이라 부르는데(웃음), 저녁이 되면 우리 아이나 어시스턴트 분의 아이에게 "자, 이렇게 오늘 하루도 저물었네요", "두근두근하고 오겠습니다" 같은 이야기를 하며 웃곤 합니다.

저녁에 반주하는 시간을 느긋하게 갖고 싶은 만큼, 아침부터 낮 동안에는 늘 풀가동 상태입니다. 저에게 반주란 "오늘 하루도 열심히 살았습니다" 하는 보상 같은 것이랄까요. '오늘 거래처 분이 요리를 정말 맛있게 먹어주셨네', '일이 착착 준비되고 있구나', '그럼 다음에는 이런 식으로 해볼까' 같은 생각들을 하면서 저 자신을 칭찬해주는 시간입니다. 그리고 '일에 쫓기고 있지는 않나', '내 페이스대로 잘하고 있나'를 확인하는 시간이기도 합니다.

반대로 '오늘은 잘 되지 않았다' 싶은 날에는 반주를 하지 않습니다. 밥을 얼른 먹고, 계속 일을 합니다. 그리고 실패한 것, 잘 되지 않은 것에 대한 반성을 어떻게 다음 기회로 연결할 것인가, 어떤 방안을 짜내면 좋을지 진지하게 생각합니다. 실패한 것을 잊어버리기 위해 '자포자기'식으로 술을 마시지는 않습니다. 그럴 때는 마셔도 전혀 맛있지 않고, 맛있게 마시지 않는다면 술에게도 미안한 일이지요. 긍정적인 기분으로 마실 때에야말로 술이 맛있는 법이라고, 나이를 먹어갈수록 더욱더 강하게 실감합니다.

사람마다 '보상'은 제각각 다른 것이라 생각하지만, 자신을 칭찬해주는 시간은 역시 중요한 것입니다. 나 자신을 위한 '리델(RIEDEL)'의 와인잔을 반짝반짝 빛나게 닦아서, '오늘 하루도 일 잘했네' 하며 와인을 마십니다. 그렇게 행복한 시간을 머릿속으로 그려보기만 해도 저는 일에서든 집안일에서든 힘이 납니다.

술잔을 고를 때는 나름의 기준이 있어서, '입이 닿는 부분의 느낌이 좋고, 술이 산뜻하게 담기는 것'을 고른다. 수공예품부터 앤티크 터키잔, 구타니 지방에서 만드는 사기그릇 등 종류도 다양하다. 교토 시내의 골동품 박람회에 직접 나가 술잔이나 그릇을 물색하기도 한다.

먹는 양은 '몸이 내는 목소리'에 따라서

제가 고등학생 때부터 30년 이상 몸무게가 그대로라고 이야기하면 다들 놀라곤 합니다. 물론 살이 붙는 부위는 달라져왔지만요(웃음). 물론 아이들을 출산하기 직전에는 살이 쪘었어요. 하지만 출산 후에 금세 원래 몸무게로 돌아왔습니다. 저는 스스로 쾌적하게 느끼는 '표준 몸무게'가 있어서, 1kg가 찌면 몸이 무거운 느낌이 들고 1kg 빠지면 쉽게 피로해져 어쩐지 마음이 안정되지 않거든요. 이는 굳이 몸무게를 재보지 않아도 자연스럽게 느껴집니다. 나이를 먹어서 너무 마르면 뭔가 빈약해 보이지만, 너무 살이 쪄도 건강 차원에서 신경을 써야 하는 문제가 됩니다. 아무래도 생활습관이 가장 중요하다는 생각이 들어요.

제가 '몸무게가 좀 늘었구나' 하는 느낌이 올 때 취하는 방법은 '배가 3번 고파질 때까지, 아무것도 먹지 않는 것'입니다. 뇌가 '배고프다'고 느끼는 것은 진정한 배고픔이 아니기 때문에, 그러한 신호가 세 번 올 때까지 일이나 집안일을 하면서 기다립니다. 3번째 신호가 온다는 것은 정말로 배가 고프다는 증거이므로, 그때는 충분히 준비를 하고 먹습니다. 그렇게 먹는 밥은 정말로 맛있어요.

나이를 먹으면 신진대사도 떨어지기 때문에, 욕심껏 너무 먹지 않도록 주의해야 합니다. 양은 조금 부족한 듯하게, 그렇지만 음식의 질은 확실히 신경을 써서 좋은 것을 먹습니다. '좋은 것'이라 해서 정말 비싼 것을 먹을 필요는 없고, 계절을 알 수 있는 제철 식재료를 가지고 너무 무리해서 요리를 하지 않고 가볍게 먹는다는 의미입니다. 위가 살짝 비어 있어야 몸을 움직이기도 편하고, '이제 더 이상 먹고 싶지 않아'가 아닌 '조금만 더 먹고 싶은데' 하는 정도의 양에서 멈추는 편이 요리도 더 맛있게 느껴지지 않나요? 물론 젊을 때야 온갖 음식들을 만족스러울 때까지 먹는 것이 즐거울 때지요. 그러나 적절하게 적당히 먹기를 즐기는 것도 나이 듦의 즐거움이리고 생각하지 않는지요?

마흔을 넘어가면서 달리기를 시작한 오하라 씨.
일주일에 1~2번, 근처에 있는 가모가와 강을 따라 달린다.
달리다 보면 머릿속이 말끔히 비게 되어.
일이나 집안일로 지쳐 있을 때 리프레시가 된다고.

옷차림은 따로 배운 적 없이. 분별력이 생겼을 무렵부터
자연스럽게 '입는 것이었다'는 오하라 씨. TV에 출연하는
여배우가 "오하라 씨 같은 기모노를 입고 싶다"고 말했을
정도로, 입고 있을 때에 나오는 존재감이 매력적이다.

나이가 들었을 때야말로 기모노를

저는 일할 때 거의 기모노를 입는데, 항상 반폭 띠로 허리를 묶고, 머리카락을 단정하게 올려서 10분 만에 착착 간단하게 입습니다. 매번 기모노의 복식을 다 갖춰 입기보다는 저답게 입고 싶다고 생각해요. 지반(기모노 안에 입는 속옷-역주)은 자주 세탁해야 하고 정리도 번거롭기 때문에, 반팔에 깃이 달린 속옷에 '가짜 소매'라고 하는 교체용 소매를 기모노마다 만들어서 그것을 소매에 넣어서 입습니다. 예쁜 천을 사용하면 보기에도 멋지고, 가깝게 지내는 포목점 주인과 함께 이런저런 천을 고르는 일도 즐겁답니다.

기모노가 '비싸서' 멀리하는 분들도 많지만, 나이가 들수록 오히려 기모노가 돈이 덜 든다고 생각해요. 예를 들어 정장을 산다고 하면, 쉰이 넘어가면 저렴한 정장으로는 태가 나지 않습니다. 거기다 일반적인 옷은 실루엣이나 색깔에 유행이 있어서 '3년이 지나면 입을 수 없게 되는' 경우도 많지요. 그렇지만 기모노는 잘 길들여 입으면 20년, 30년도 거뜬합니다. 제가 오늘 신고 온 조리는 산 지 15년도 더 된 것이지만, 끈도 갈아주고 클리닝도 해서인지 아직 멀쩡하게 더 신을 수 있어요. "작년까지는 서 띠를 하고 있었지만, 올해는 이 띠가 어울리려나?" 하고 나이에 맞춰 조합도 바꿔줍니다. 새로 사기보다는 조합을 새롭게, '많이'가 아니라 좋은 것을 아주 조금만. 이런 식으로 입으면 기모노가 점점 몸에 익숙해져서 '그 사람다운' 기모노 차림이 됩니다. 젊은 사람보다 더욱 '그 사람다운' 개성이 묻어나지요.

모처럼 기모노를 입었건만 그 이유가 '엄마에게 물려받아서'라든지 '비싼 옷이니까'라는 것에 그치는 것은 좋지 않아요. 자신에게 어울리는 옷을 입지 않으면 즐겁지 않습니다. 무엇보다 자신에게 '맞는 것'이 중요합니다.

기모노를 입었을 때 좋은 점 중 하나는 '태도가 아름다워진다'는 것입니다. 팔을 뻗어 무언가를 잡고, 소리를 내지 않고 걷고, 무릎을 꿇고 앉는, 이런 동작들이 우아해집니다. 저는 스스로가 어떤 풍경 속에 있을 때 '아름다운 존재'로 있었으면 좋겠다고 늘 생각합니다. 그것은 튀고 싶다든지 화려하게 멋을 부리고 싶다든가 하는 의미가 아닙니다. 행동이며 분위기에서 제가 지나간 자리에 아름다움을 남겨놓는 존재였으면 좋겠어요. 물론 항상 그러기란 쉽지 않겠지만, 여성이란 본래 부드럽고 따뜻하며 아름다운 존재라고 생각합니다. 그리고 기모노는 그런 여성의 역할을 자연스럽게 떠올리게 하는 의복이라 생각합니다.

요리를 할 때는 조리도구에 부딪힐 위험이 있는 띠 장식을 달지 않는다. 그렇기에 장식을 달 때는 특히 기분이 화사해진다. 대모갑 장식은 아버지에게서 물려받은 것이다. 결혼할 때 수분해서 맞춘 포장지에는 이름과 집안의 문장을 넣었다.

교토에 사는 즐거움

무엇을 '매일 꼭 먹는지' 생각해보면 우리 집은 역시 두부와 유부입니다. 근처에 단골 두부집이 두 군데 있는데, 두부와 구운두부를 사는 가게 한 곳과 유부를 사는 가게입니다. 교토를 두고 흔히 '문화적', '전통적'이라고들 하는데, 이곳에 사는 가장 큰 즐거움은 무엇보다도 '적당한 규모의 상점가'랍니다.

근처에 있는 채소 가게를 예로 들어볼까요. 먼저 아침 9시에, 시장에서 사들인 채소를 늘어놓습니다. 그러다 11시가 넘으면 이번에는 카미가모 근처 농가에서 아침에 수확한 채소를 납품하러 옵니다. 이 채소들이 정말 '좋은 것'들이에요. '좋은 것'이란 고급 채소라는 의미가 아니라, 살짝 휘었거나 크기가 작거나 하지만 맛은 최고급인 오이 같은 것을 정말로 저렴한 가격에 살 수 있는 거예요. 그리고 시내에서는 '행상'(농가에서 아침에 수확한 채소를 가지고 와서 상가에서 파는 시스템으로, 교토에서는 에도 시대부터 전통적으로 내려온 판매 방법입니다)으로 농가 안주인이 트럭 화물칸에 채소를 싣고 올라와, 주부들이 우물가에서 서로 정보를 주고받으며 장을 봅니다. 자연스럽게 서로 얼굴을 트게 되어 농가에서도 '좋은 것을 키우려' 노력하게 되고, 손님들도 농가를 지원합니다. 이런 것들이 식문화를 지지하는 저력으로 이어지는 것이겠지요.

오하라 씨의 자택에서 두 블럭 떨어진 곳에 있는 두부집은. 한 손에 그릇을 들고
두부를 사러 오는 손님들도 있는 오래된 가게이다. "오늘은 진짜 덥네요",
"몸은 좀 어때요?" 같은 이야기를 이웃과 나누면서 장을 보는 것이 즐겁다.

또 하나의 매력은 '장인들이 모인 번화가'라는 겁니다. 기모노를 예로 들면, 구입할 만한 상품 종류가 다양할 뿐 아니라, 구입한 후의 유지 관리 시스템도 제대로 잘 되어 있답니다. 무릎 부분이 닳아 헤지면 안자락과 겉자락을 교체해주고, 조금 찢어진 부분도 감쪽같이 '짜깁기'해주는 식이에요. 얼룩 제거나 뜯어 빨기(기모노를 뜯어서 천 상태로 만든 다음 물로 세탁하는 것-역주)를 맡아서 해주는 세탁업자 분들도 정말 난이도가 높은 작업을 당연하다는 듯이 해주시거든요. 그릇이나 도구류, 정원 가꾸기나 집 꾸미기 등 어떤 분야에서든 솜씨가 있는 장인들이 거리를 든든히 지탱해주십니다. 어느 하나 할 것 없이 모두들 살림살이는 소박하지만 문화를 지탱한다는 프라이드를 가지고 있으면서, 일을 통해 깊이 탐구하며 이를 고양해가는 기쁨을 느끼고 있습니다. 결코 화려하지 않고, 돈을 쏟아붓은 고급 상품을 늘어놓는 사치와는 다르지만, 그러한 분들의 미의식을 접할 수 있다는 것이 너무도 좋고, 한결 풍성해지는 마음과 든든함을 느끼게 됩니다.

꼭 교토가 아니더라도, 인간에게 진정한 의미로 '살기 좋은 곳'이란 '원래 이런 것이 아닐까?' 하고 생각합니다. 그리고 진정한 '풍성함'의 의미도 이 상점가가 가르쳐주는 것 같다고 생각합니다.

교토에서 솜씨 좋기로 유명한 킨츠기(옻을 이용해
그릇의 깨진 틈을 메우거나 접합하고 금가루로
마감하는 기술-역주) 장인은 간판도 내걸지 않고
영업할 때가 많다고 한다. 이가 빠진 그릇도 잘
손질하고 이어서 새로운 생명을 불어넣어준다.
사진에 보이는 것은 오하라 씨의 저서에도 등장하는
기타가모 히로시 씨의 도기 그릇이다.

나의 행복의 원천

교토의 오래된 당지(唐紙, 카라카미) 가게 '카라 초'의 '제비꽃 물들이기'. 한지처럼 화과자 밑에 깔거나, 기다란 편지지처럼 활용하는 등 여기저 기 쓰임새가 많은 일본 종이이다. 사진처럼 비둘 기 모양 피리를 올려두는 받침대로도 활용할 수 있다.

다 쓴 뒤에도 음식을 굽거나 찔 때, 그릇에 담을 때 활용하고 싶을 정도로 우수하게 만들어진 나 무젓가락 '타케이치방'. 아와지 섬 해안에서 주 위온 돌멩이들, 염색 끈으로 감은 휴지, 도자기 조각 같은 것들을 젓가락받침으로 같이 매치하 는 것이 즐겁다.

4년 전, 세 아이들이 직접 만들어 어머니날에 보내준 우산꽂이. "옥상에서 뭘 만드나 했더니만 이거였어요." 하트 모양 안에는 각각 '엄마에게' 보내는 메시지들이 채워져 있다.

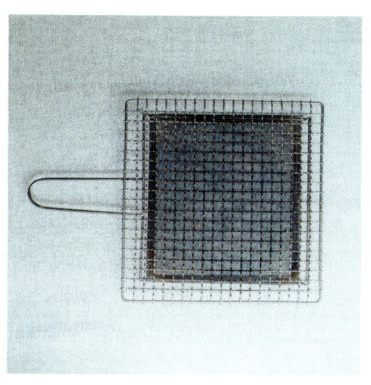

빵이 정말 맛있게 구워지는 '츠지와 철망'의 철망. 말린 오징어를 구울 때도 제격이다. 기계로 대량생산한 제품이 아닌, 숙련된 장인의 수작업으로 만든 아름다운 망 모양도 마음에 드는 이유 중 하나.

많은 신세를 졌던 '키리카네(금박이나 은박을 활용해 문양을 표현하는 전통 기법)' 에리 사요코 선생님께서 물려주신 인도 사라사 보자기. 정말로 좋은 것일수록 일상에서 쓰고 싶다고 생각한다.

꽃

Flower

Chapter 05.

Flower

다니 마사코

Tani Masako

스물셋이 된 장남부터 초등학생인 막내까지 3남 1녀를 키우면서 꽃꽂이 작가로 활동하고 있는 다니 씨. 많은 직원들과 함께 다양한 작업을 해내는 모습은 일견 파워풀하지만, 그 민낯은 꾸밈 하나 없는 자연 그대로이다. 꽃과 그 주변 공간, 환경, 그리고 '사람'을 향한 따뜻한 시선과 함께 쉼 없이 움직이며 일해온 그녀의 손이 꽃들의 찰나의 생명을 아름답게 빛내준다.

풍부한 자연환경 속에서 자란 제가 어릴 적부터 꽃을 좋아하게 된 것은 매우 자연스러운 일이었습니다. 어린 시절에는 꽃으로 왕관을 만들거나, 산에 올라가 계곡에 조릿대나뭇잎으로 만든 배를 띄우고 하류까지 달려 내려와 그 배를 줍거나 하면서 놀았지요. 풀꽃으로 꽃다발을 만들어 학교에 결석한 친구의 병문안을 가기도 했어요. 저의 유소년 시절 이미지는 날이 저물 때까지 흙을 만지고, 꽃을 심고, 그것을 가꾸며 보낸 장면들입니다. 아주 어렸을 때부터 곁에 꽃이 있는 것이 좋았고, 꽃에서 생겨나는 힘을 받아왔던 것 같아요.

꽃과 관련된 일을 하기로 마음을 먹고, 스승님 곁에서 어시스턴트를 하면서 저만의 세계를 조금씩 일구어왔습니다. 1996년에 'Atelier doux.ce'를 설립한 후에는, 집안 사정도 있고 해서 그전까지 살았던 오사카를 떠나 도쿄로 활동 무대를 옮겼습니다. 셋째 아이를 출산한 뒤에 한동안 일을 할 수 없어서 괴로운 시기도 있었지만, 꿈을 포기하지 말라는 여덟 살 큰아들의 말에 정신이 번쩍 들어 아이를 데리고 꽃꽂이 교실에 다녔습니다. 당시 베이비카를 발로 밀어가며 꽃을 배우던 것도 이제는 그리운 추억이네요. 그때부터 지금까지 네 아이를 키우면서 꽃꽂이, 책과 잡지 촬영, 플래워 클래스 등 언제나 부지런히 바쁘게 일하며 지내왔습니다. 지금은 직원들도 도쿄, 오사카, 나고야, 후쿠오카 합쳐서 스무 명이라는 대가족이 되었어요. 회사를 설립하고, 아틀리에 일도 하고, 돌아보면 어느새 꽤 커다란 책임을 지고 있네요. 그동안 헤맸던 일들, 멈추었던 일들, 힘들었던 일들도 수없이 많았지만, 어떤 순간이든 꽃을 진지하게 마주대했을 때 꽃이 저를 인도해주었다는 생각이 듭니다.

꽃을 다루는 일은 진밀로 신비롭습니다. 저는 사실 모양이 예쁘거나 색깔의 균형이 맞는지는 거의 의식하지 않고, 그 안에 담긴 '마음'을 훨씬 더 중요하게 생각합니다. 기술만 있으면 매뉴얼대로 꽃을 얼마든지 꽂을 수 있겠지만, 그것이 사람의 마음을 움직일 수 있느냐는 별개의 문제입니다. 결국은 역시 '그 사람다운 표현이 되었나'가 가장 중요한 것입니다.

저는 꽃이 가진 든든한 힘, 생명력, 온기를 가능한 한 있는 그대로의 모습으로 전하고 싶습니다. 꽃을 꽂는 저 자신은 가능한 한 투명한 존재가 되어 꽃 본래의 힘을 고스란히 형태로 만드는 일을 하고 싶다고 늘 생각하고 있어요. 앞으로 시스템이 점점 진화해간다고 해도, 꽃은 사람의 손에 의해서만 꽂을 수 있습니다. 이는 정말로 인간다운 행위라고 생각해요.

식물을 접하면 활기가 생긴다

꽃을 다루는 일은 아침 일찍 시작됩니다. 새벽 4시에서 5시 안에는 꽃시장에 도착해서 하루를 준비하는 것이 일상이에요. 신기하게도, 전날 아무리 힘든 일을 해서 무지막지하게 피곤한 상태여도 꽃시장에 늘어선 꽃들을 보고, 향기를 맡고, 그것을 느끼고, 식물들이 뿜어내는 에너지를 가득 받으면 몸도 마음도 충전이 됩니다. 머리도 깨끗하게 비워져, 자연스럽게 활기를 되찾게 되지요. 이러한 경험을 할 때마다 식물이 가진 커다란 힘을 느낍니다.

1995년 한신 · 아와지 대지진 바로 한 달 뒤에, '꽃 모임'이라는 조그마한 프로젝트를 시작했습니다. 지금도 장소를 바꾸고 조금씩 형태를 바꿔가면서 계속해나가고 있어요. 이 모임에서는 원예가 분들을 통해 구한 제철 꽃들을 한가득 모은 다음, 이를 온전히 느끼고 꽃꽂이할 수 있는 시간을 제공합니다. 일반적인 플라워 레슨과는 여러모로 많이 달라서, "이렇게 하세요", "저렇게 하세요" 하는 기술이나 규칙을 가르쳐주지는 않습니다. 아무 생각 없이 꽃 작업에 순수하게 열중하고, 생각과 마음 하나하나를 꽃으로 느끼는 겁니다. 그러는 가운데 모임에 참여한 모두의 표정이 점차 부드러워진답니다. 이 또한 꽃의 생명력을 접하면서 살아갈 힘을 얻는 방법 중 하나가 아닐까 생각해요.

교토의 오래된 가게 '야스시게 우치하모노텐(安重打刃物店)'의 전정가위를
애용하고 있다. 벌써 20년 가까이 쓰고 있는데, 정기적으로 날을 가는 등
꾸준한 관리를 거르지 않은 만큼 써보면 매우 훌륭한 상태를 자랑한다.
대를 이어서 쓸 수 있을 정도로 뛰어난 물품이다.

꽃을 만지는 다니 씨의 손놀림은 언제나 부드럽고 가벼우면서 따스하다.
그러면서도 쓸모없는 움직임이 전혀 없고, 손질은 최소한으로 마친다.
'일과 씨름한다'라기 보다는 '다가선다'라는 말이 더 어울리는
그 손 안에서 새로운 분위기가 만들어진다.

'꽃꽂이를 하는 것'은 '꽃의 생명을 간호하는 것'입니다. 어쩌면 저의 일이란 꽃을 키워준 사람과 그것을 운반해준 사람에게서 꽃의 생명을 잇는 릴레이 경주의 마지막 배턴을 받는 것인지도 모릅니다. 꽃에 어울리는 그릇을 고르고, 그 아름다움을 드러나게 함으로써 생명의 마지막 순간을 빛나게 하는 것이지요. 그렇기에 저처럼 꽃일을 하는 사람이라면 책임감을 가지고 꽃 한 송이 한 송이를 소중하게 대했으면 합니다. 단단한 봉오리 상태일 때, 막 피어나기 시작할 때, 흐드러지게 활짝 피어났을 때. 꽃의 아름다움은 그 순간순간 가치가 있는 것입니다. 어쩌면 '꽃이 질 무렵'이 가장 아름다운 것인지도 모르겠어요. 그런 꽃들의 극히 짧은 생명의 반짝임을 접하면서, 우리들이야말로 정말로 커다란 힘을 받는 것이 아닐까 생각합니다. 마음이 조금 지쳤다 싶을 때는 자연으로 나가 꽃이 피어있는 모습을 본다든지, 꽃을 사서 꽂아둔다든지, 머리를 비우고 흙을 그저 만져본다든지 하면 마음이 정화되는 것을 느낄 수 있을 거예요. 그러면서 분명 꽃이 가진 힘을 실감할 수 있지 않을까 생각합니다.

좁은 공간에서도 가꿀 수 있다

꽃을 장식하는 일은 즐거운 일입니다. 그런데 어쩌면 꽃을 '가꾸는 것'은 그 이상으로 즐거운 일이란 생각을 나날이 실감합니다. 뿌리를 단단히 내리고, 태양을 향해시 긴강하게 뻗어 올라가는 식물을 접하는 것은 매일매일 분주하게 살아가는 사람에게 무엇보다 큰 위로가 될 겁니다. 같은 이유로 저 역시 정원이 딸린 아틀리에를 계속 찾아보다가 좀처럼 조건이 맞지 않아 포기했지만, 갑자기 손님이 찾아오거나 요청이 와도 대응할 수 있도록 아틀리에 옥상에 제 나름대로 녹색 식물을 가꾸는 공간을 마련해두었습니다. 그리고 2층 베란다에도 사계절에 따라 자라는 식물들을 가꾸는 공간을 만들었습니다. 아틀리에를 찾아온 손님들은 그 안뜰을 바라보면서 "이런 공간에서도 식물을 가꿀 수 있네요!" 하며, 즐거운 표정으로 웃는답니다. 저희 집에는 주차장이 있어 '정원'이라고 하기도 뭐할 폭 50cm 정도의 작은 화단밖에 공간이 나오질 않지만, 그 정도 공간이어도 식물을 가꾸는 데는 충분합니다. 저는 여기에 미모사와 유칼립투스, 수국, 준 베리(Juneberry), 장미며 허브 등을 키우고 있어요. 꽃이 피는 시기와 열매를 맺는 계절이 되면 "참 보기 좋네요!" 하며 말을 걸어오는 분들도 있어 식물이 다른 사람과의 인연을 이어주기도 한답니다.

정원이나 화단을 잘 가꾸는 요령을 묻는 분들이 많은데요, 그럴 때 저는 "본인이 좋아하는 것부터 키워보세요" 하고 대답합니다. 잘 자랄 수도 있고 아닐 수도 있지만, 일단은 무엇이든 시작해보는 것이 중요합니다. 특별히 따라야 할 규칙은 없습니다. 화분을 사는 것부터 시작해도 전혀 문제없어요. 우선은 식물을 키우는 과정을 즐길 수 있게 된다면 좋겠습니다.

저는 부케나 꽃다발을 만들 일이 많은데, 이때 녹색 식물은 거의 정원과 아틀리에 옥상에서 키운 것들로 씁니다. 하덴버지아(Hardenbergia)와 유칼립투스, 가막살나무와 로즈메리, 피조아(Feijoa), 클레머티스 덩굴……. 어느 계절이든지 그때그때 자라는 것들이 있도록 유지하고 있어요. 부케를 만들 때뿐 아니라 손님들이 집에 꽃 아두려고 꽃을 사가는 경우에도 이 정원에 있는 녹색 식물을 곁들이면 그것만으로도 매우 풍성한 분위기가 만들어집니다. 적은 꽃으로도 만들 수 있는 많은 인연들. 좁은 공간에서도 사계절을 느끼고, 계절이 옮겨가는 것을 충분히 즐길 수 있습니다. 만약 열심히 식물에 물을 주었더라도 다른 것에 시간이나 마음을 빼앗긴 상태라면, 문득 정신을 차렸을 때 식물이 완전히 말라죽어 있거나 하는 경우도 비일비재합니다. 꽃을 가꾼다는 것은 다른 사람에게 마음을 쓰는 것과 무척 비슷한 것 같아요. 저역시 식물을 키우면서 종종 잘 되지 않고 실패하기도 하지만, 제가 가꾼 꽃이 활짝 피어났을 때의 그 기쁨이 모든 것을 싹 씻어준답니다. 즐겁지만 한편으로는 실패를 반복하면서 많은 것을 배우게 됩니다.

우선은 한 송이, 한 종류부터

'꽃꽂이를 한다'고 하면 다양한 종류의 꽃들을 조합해서 화려하게 만들어야만 한다고 생각하는 분들이 많을지 모르겠네요. 그렇지만 제일 먼저 '꽃 한 송이부터' 시작해보세요. 그것이 가장 쉽고, 가볍게 시작하기에도 좋은 방법입니다. 꽃 한 송이를 접시에 살짝 띄운다거나, 작은 유리잔에 꽂아주기만 해도 그 공간의 분위기가 완전히 달라집니다.

또 어느 정도 풍성한 꽃 장식을 만들고 싶을 때도, 일단은 '한 종류의 꽃부터' 해보기를 추천합니다. 여러 종류의 꽃을 조합하게 되면 '오래 피어 있는 꽃'과 '금방 지는 꽃'이 섞여버려서 매일 관리하고 갈아줘야만 하니 손이 더 많이 갑니다. 한 종류로 꽃 장식을 만들면 꽃이 피는 순간이나 마르는 타이밍이 거의 비슷해서 초보자 분들도 스트레스 없이 꽃을 즐길 수 있을 거예요.

한 종류의 꽃으로 예쁘게 꽃 장식을 만드는 요령은 손바닥 안에서 차례차례 하나의 묶음으로 만든다는 느낌으로 꽃을 가지런히 모아서, 자연스럽고 부드럽게 꽂는 겁니다. 어디까지나 자연스러운 모양을 살리는 거예요.

제가 한 꽃꽂이 중에도 '한 종류 꽃꽂이'가 많은 것은, 꽃밭이나 자연 속에서 느낀 감동을 그대로 재현하고 싶은 마음이 있기 때문입니다. 자연 속에서 태양을 향해 피어난 모습을 그대로 표현하고자, 가능한 한 있는 모양 그대로 꽂습니다. 손을 대지 않고, 저 자신이 '이렇게 하고 싶다'는 생각보다도, 꽃이 '이렇게 되고 싶다'고 말하는 목소리에 귀를 기울이는 느낌이랄까요. '이렇게 해야 한다'는 감각으로 하는 것이 아니라, '꽂고 싶다'는 마음이 아름다움을 끌어내는 가장 좋은 요령이라 생각해요.

일본에서 태어나서 무엇보다 행복한 것은 아름답고 풍요로운 사계절을 누리면서 살 수 있다는 섬입니다. 추위가 찾아오면 아름다운 단풍을 만나고, 눈이 깊게 쌓이면 다음 해의 알뿌리 꽃이 어느 때보다도 짙은 색을 자랑하며 피어납니다. 추위와 더위를 반복하면서 한 차례 비가 올 때마다 계절이 흘러가고, 정원의 나무들과 꽃들의 분위기가 바뀝니다. 이렇게 당연한 것들이 해를 거듭할 때마다 커다란 기쁨과 즐거움으로 바뀌어가는 것 같아요. 그 가운데 꽃꽂이만큼 사치스러운 놀이는 없구나, 하는 생각을 하게 되었어요. 변해가는 바깥의 풍경을 단 한 송이, 단 한 종류의 꽃으로 꺾어와 일상 속에 놓아둔다는 것은 지극히 간단하면서도 누구나 즐길 수 있는 놀이입니다.

제가 꽃과 마주하는 시간은 사실 저 자신과 마주하는 시간이기도 합니다. 쓸데없는 생각을 버리고, 꽃 한 송이를 꽂기 위해 그릇을 정리하고 물을 넣습니다. 그리고 그 꽃과 그릇을 어울리는 자리에 가져다둡니다. 이 일련의 움직임이 제게는 저 자신의 마음을 정리하는 것으로도 이어집니다.

위는 참빗살나무. 오른쪽은 댕댕이덩굴이다.
똑바로 자라지 않았어도, 조금 벌레 먹은 데가 있어도
매력적으로 꽃꽂이할 수 있다. 일단은 이렇게
녹색 식물 가지 하나부터 시작하는 것이
꽃꽂이의 첫걸음이다.

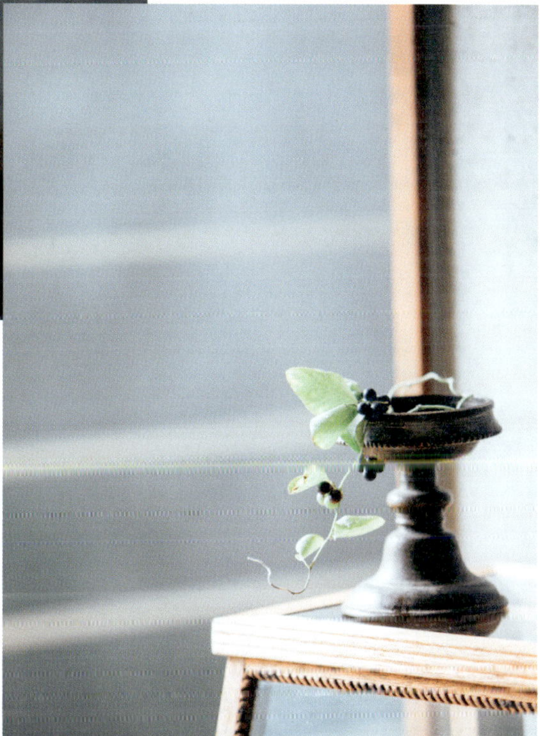

Chapter 05.

이런 그릇도 꽃병이 된다

꽃과 그릇은 서로를 멋지게 표현하기 위해 절대 빠질 수 없는 파트너 같은 관계입니다. 저는 평소에 일반적으로 '꽃병'이라 하는 것들보다는 다른 물건들에 매력을 느낍니다. 일본에서 '카페오레 볼'이라 부르는 주발이며 콩포트(compote) 트레이, 피처, 뚜껑 있는 그릇, 도자기 화분 같은 것들 말이에요. 머그컵 같은 것도 얼마든지 괜찮아요. 제가 추천하는 것은 리큐어 술잔입니다. 옆 페이지에 보이는 위 사진의 왼쪽에서 두 번째에 보이는 잔은 엔티크숍에서 1,500엔 정도에 장만한 거예요. 굽이 있으면 입체감이 생겨 잡초를 꽂아도 신기하게 모양이 잡힙니다. 인테리어숍에서 판매하는 '플라워베이스'는 뭔가 형태가 제한되어 있어서, 이런 작은 그릇들부터 시작하는 편이 마음도 가볍고, 그만큼 생활에 꽃이 가까이 녹아든다고 생각합니다. 그릇에 대해 발상이 자유로워지면 꽃꽂이도 훨씬 더 즐거워집니다. 음식을 담는 그릇을 꽃병으로 활용하는 것이 위생적인 면에서 저어되는 분이 있을 것 같지만, 식기 선반을 살펴보면서 "이거 요즘에 별로 쓸 일이 없었는데, 꽃을 한번 꽂아볼까?" 하는 새로운 관점으로 꽃병을 찾아보면 분명 새로운 발견이 있을 거예요.

오래된 약병, 리큐어 술잔, 작은 유리잔 같은 것들도 쭉 늘어놓고
잡초를 한 줄기씩 꽂으면 그것만으로도 하나의 세계가 완성된다.
꽃병으로 자주 활용하는 피처는 앤티크나 수공예품을 장만할 때가 많다고.

프랑스 앤티크 팔각 접시의 테두리까지
찰랑찰랑하게 물을 담고, 수련 잎 한 장을 올렸다.
이런 접시도 다니 씨에게는 '꽃병'의 일부가 된다.
줄기를 자르고 꽃만 띄우는 방법도 자주 활용한다.

꽃을 집 안 어디에 둘까?

집 안에 꽃을 장식할 자리로는 어디가 어울릴까요? '차바나'(茶花, 다도에 따라 다실에 꽂아두는 꽃)에서는 꽃은 '사람을 맞이하는' 정신을 나타낸다고 가르칩니다. 손님을 들이기 전에 방 청소를 끝내고 꽃을 꽂는 겁니다. 현관에 물을 뿌리고, 향을 피우고, 꽃에 물을 뿌립니다. 그렇게 하면서 '당신이 오시기를 기다리고 있었습니다'라는 마음을 표현합니다. 그것이 일본인의 마음, 환대의 정신입니다. 꽃을 장식하는 자리도 우리 집을 찾아와준 사람이 기뻐할 만한 곳, 예를 들면 문을 열었을 때 제일 먼저 눈이 가는 현관, 그리고 손님을 맞는 주요 장소인 거실을 생각할 수 있겠지요. 세면대나 화장실에 향기가 좋은 꽃을 한 송이 장식해두어도 멋집니다. 사람이 주로 다니는 동선을 생각해, 눈에 튀지 않게 장식해두는 것이 좋습니다.

이런 식으로 '다른 사람을 위해서' 꽂는 꽃도 물론 좋지만, 저는 '자신을 위해서' 꽃을 장식하는 것도 매우 중요하다고 생각합니다. 마음을 담아 키운 끝에 피어난 꽃, 소중한 사람에게서 받은 꽃, 자신에게 상을 주는 마음으로 산 꽃이라면 집 안에서 자신이 가장 오래 있는 자리에 놓아두는 것이 좋겠지요.

저는 집에서 가장 오래 머무르는 공간이라는 이유로, 주방에 꽃을 자주 장식해둡니다. 주방은 불을 쓰다 보니 온도가 높아 꽃을 두기에 마땅한 장소는 아닙니다. 그래도 장식해두려고 하는 것은 '꽃이 피는 순간을 보고 싶다', '색이 변해가는 것을 눈에 담아두고 싶다'처럼 꽃 하나하나가 매일 변해가는 모습을 보고 싶은 마음 때문입니다. 예를 들어 커다랗고 향기가 진한 작약은 어느 날 어느 순간에 슬쩍 피어나고, '어, 피었구나' 하면 금세 미련 하나 없이 꽃잎이 떨어집니다. 매우 예민한 꽃이지만, 꽃이 질 때까지 모든 순간순간을 보고 싶어서 저는 주방에 꽃을 자주 놓아둡니다. 주방에 꽃이 있으면 요리를 하는 시간에도 마음에 여유가 생기고, 집 안에서 가장 오래 머무는 장소인 만큼 눈이 잘 가게 되어 세심하게 보살피는 것도 가능해집니다. 물을 갈아주는 것도 손쉽게 할 수 있어, 잊어버릴 염려가 없지요.

꽃은 그저 꽂아놓고 방치하는 것이 아니라, 책임감을 가지고 마지막 순간까지 관심을 기울여 살피는 것이 중요합니다. 아이들이 자기 방에 가만히 있지 않고 거실에서 숙제나 시험공부를 하는 것처럼, '꽃도 분명 모두에게 자신을 보여주고 싶은 건 아닐까?' 하는 생각을 자주 합니다. 꽃꽂이한 꽃도 가족의 어엿한 일원으로, 모두와 함께 같은 공간에 있을 때 가장 반짝일 거예요.

일로 쓰고 남은 꽃들을 아틀리에에서 가지고
돌아와 집에 장식할 때가 많다는 다니 씨.
"주방 같은 곳에 두는 꽃들은 너무 많은 생각을
하지 않고 직감으로 쓱쓱 꽂는 등 가벼운 느낌으로
장식하는 것이 오히려 잘 어우러지는 것 같아요."

꽃을 선물하는 기쁨

제 주변에는 멋진 여성 선배들이 많이 계십니다. 나이를 먹어가면서 옷이나 몸에 걸치는 물건들이 대략 정리가 된 탓인지, '이 이상은 갖지 않겠다, 물건을 더는 늘리지 않겠다'고 결심한 분들도 많습니다. 그런 분들에게 선물을 할 때 저는 제철 꽃들로 꽃다발을 만들어 드립니다. 계속 곁에 남아 있는 것이 아니라 깔끔하게 없어지는 꽃다발이지만, 그 순간의 아름다움을 전할 수 있으니까요. "그때 받았던 꽃이 이랬었지" 하고 기억에 남아서, 추억으로 하나씩 쌓여간다면 그것도 좋겠지요. 저는 부케를 만들어 다른 사람에게 줄 때는 가능한 한 제가 가꾼 꽃을 쓰고, 조금 희귀한 꽃을 의식적으로 섞는다든지, 꽃의 이름을 죽 적은 메모를 붙여서 전해주곤 합니다. 직접 키운 것인 만큼 그 꽃의 습성과 상태, 향기 등도 잘 파악하고 있으므로 그분에게 맞는 꽃을 전할 수 있습니다. 축하나 병문안을 갈 때는 어울리는 꽃말을 가진 꽃들을 넣거나, 물을 잘 흡수하게 하는 방법 등 꽃이 어떻게 하면 오래가는지 설명을 덧붙이기도 합니다.

로즈메리, 피조아, 펜넬(fennel), 큰꽃으아리(Clematis patens) 등 옥상 정원에서 키운
식물들을 따서 짧은 틈에 쓱 만든 '녹색 부케', "장미처럼 화려한 꽃다발에 익숙한
사람들에게 이런 부케를 선물하면 정말 기뻐한답니다."

꽃집에 가서 꽃다발을 주문할 때의 요령은 선물할 사람의 나이와 성별, 좋아하는 꽃이나 색깔, 용도, '그 순간을 위한 꽃인지, 오래 두고 볼 꽃인지' 등을 알려주고, 여기에 '우아하게', '심플하게', '차분하게', '산뜻하게'처럼 이미지를 나타내는 단어를 같이 이야기해주는 것입니다. 만드는 사람이 그 단어를 어떻게 해석하는가는 사람마다 다르겠지만, 받을 사람에 대한 정보는 많으면 많을수록 좋을 거예요.

평소 여기다 싶은, 믿을 만한 센스가 있는 꽃집 주인과 친해지면 좋아요. 그런 가게가 있으면 자신의 센스도 더 갈고 닦을 수 있고, 꽃에 대한 지식도 깊어집니다. 한 걸음 더 나아가 '풀꽃을 많이 쓰는, 녹색식물이라면 이 가게', '화려하고 여성스러운 부케는 이 집에서' 하는 식으로 용도별로 가게를 고를 수 있게 되면 '선물하는 것'이 한층 즐거워질 거예요. 그렇게 자신을 표현해주는 꽃집을 발견하는 것도, 꽃을 선물하는 기쁨으로 이어진다고 생각합니다.

그리고 한 번씩은 '자기 자신에게' 부케를 선물하는 것도 멋진 일입니다. 지금까지는 분명 옷이나 액세서리, 여행 등으로 지금껏 애써온 자신을 격려해왔겠지요. 이제부터 먹어가는 나이에는 '마음에 부리는 사치에 돈을 들이는 것'이 무엇보다 큰 보상이 됩니다. 자기 자신에게 꽃을 주는 것은 젊은 시절에는 잘 주지 못했던, 자신을 사랑으로 다독이는 선물이 된다고 생각해요.

오감이 편안한 생활용품을

저는 늘 인생에서 가장 중요한 것은 '매일매일 릴렉스하며 살아가는 것'이 아닐까 생각해왔습니다. 화려한 집이나 소유물 같은 것으로 부리는 사치는 끝이 없습니다. '이 모든 것이 마음 깊은 곳에서부터 정말로 원했던 것일까?' 하고 돌아보면 의심스러워지는 경우도 꽤 많아요. 그보다는 한 송이 꽃에 위로를 받으며 가족들이나 친구들과 함께 느긋하게 식사를 하고, 좋아하는 음악과 책을 접하며 차분한 시간을 가지는 것. 그리고 청결하면서 좋은 향이 나는 편안한 것들을 몸 가까이에 두고 지내는 것. 이보다 더한 행복이 있을까요.

작년부터 시도해보고 있는 일인데요, 저희 아틀리에에서는 오픈 일을 정해서 어느 분이든 자유롭게 들어오실 수 있도록 합니다. 그리고 제가 '좋다'고 생각하는, 마음이 담기고 풍요로운 생활을 누릴 수 있는 물건들을 준비하고 제안합니다. 그릇과 타월, 아로마 캔들이며 비누, 과자와 커피, 가방과 액세서리, 마음에 여유를 주는 소품들까지. 실제로 제가 사용하면서 시험해보고, 납득이 간 것들만 골랐습니다. 모두 사람의 손으로 직접 만든 제품으로, 생활에 활용해보면 오감이 즐거워지는 것들입니다.

아틀리에에서 판매도 하고 있는 'SAVONNERIES
BRUXELLOISES'의 비누. 이마바리의 'Kontex Premium' 타월.
판매하는 아이템은 '많은 물품을 시험해보면서 좋다는 것이
판명된 것'을 기준으로 고른다.

벨기에산 핸드메이드 비누(옆 페이지 사진)를 볼까요. 이것은 제 친구가 벨기에 공장까지 여러 번 오가며 원료부터 향료(fragrance), 포장에 이르기까지 하나하나 신경을 써서 기획한 것입니다. 유기농 재료를 쓰고, 초콜릿 제조에도 활용되는 독특한 기술인 '트리플밀(TripleMill) 제조법'으로 만들어져 거품의 질감이 매우 곱고 부드러워요. 고형 비누만이 가능한 고급스러운 질에, 원료인 보습 오일이나 향기가 조금씩 다른 종류들이 여럿 있습니다. 손은 물론 얼굴이나 몸도 씻을 수 있고 저는 머리 감을 때도 샴푸 대신 사용합니다(린스는 시중에 판매되는 다른 유기농 제품을 함께 쓰고 있어요). 꽃을 다루는 일을 하다 보면 손이 쉽게 거칠어져 젊었을 때는 항상 까질까질한 상태로 지냈는데, 이 비누를 쓰면서부터는 핸드크림을 바를 필요도 없을 정도가 되었습니다. 무엇보다 매일 목욕하는 시간이면 우아하고 편안한 기분이 들어요. 젊은 분들에게도 당연히 좋겠지만, 특히 저와 같은 세대의 분들이라면 정말 추천합니다.

저뿐 아니라 직원들도 마찬가지로, 매일의 일상에서 몸이 정리되면 자연스레 마음도 정리됩니다. 그리고 마음이 정리되면, 멋진 꽃꽂이를 할 수 있어요. 활기찬 사람이 꽃꽂이한 꽃은 보고 있으면 활기가 생기고, 꽃꽂이한 사람이 의기소침한 상태라면 꽃에도 그 분위기가 묻어납니다. 그렇기에 오감이 편안해지는 생활용품을 사용해 평소 마음과 몸을 격려하고 또 정리해두는 것은 꽃꽂이를 잘하기 위해서도 꼭 필요한 일입니다.

일본 앤티크가 좋다

저희 집과 아틀리에에 있는 가구, 꽃병으로 쓰는 그릇 등 제가 지금 사용하고 있는 것들은 대부분 앤티크 제품입니다. 원래 친정집에 오래된 것들이 많아서, 갈 때마다 장롱이며 책상, 그릇, 밥상 같은 것들을 조금씩 들고 와서 '여차하면 꽃과 매치해서 써야지' 하고 모아두었습니다. 꽃을 가르쳐주신 선생님 댁에서 많은 귀중한 앤티크들을 보면서 거기에 영향을 받은 것도 있고, 동경하는 세계에 더 가까이 가고자 제 나름대로 꽃과 매치하고 싶다는 생각도 하게 되었어요. 소박한 꽃이며 식물들이라도, 낡은 것과 매치하면 특별한 분위기가 감돌아 꽃꽂이를 할 때마다 신선한 감탄이 나옵니다.

아틀리에에 있는 테이블과 의자, 장식 선반, 작은 서랍장 같은 많은 집기들은 도쿄 도미가야에 있는 고가구점 'DOUGUYA'에서 산 것입니다. 메이지 시대부터 전쟁 직후에 걸쳐 일본에서 만들어진 가구와 도구들을 취급하는 가게로, 일반적으로 떠올리는 '일본가구'와는 어딘가 다르며 독특한 정취가 있는 것들입니다. 이 가게의 감성이 저는 정말 마음에 들어요. 해를 거듭할수록 이곳에 태어나 자라온 것이 소중해지는 기회가 한층 늘어납니다.

의자도 테이블도, 일본산 빈티지 가구. 테이블은 원래 살짝
칠이 되어 있었던 것을 떼어내고 원래 나무 표면 그대로 되돌린
것이다. 의자는 좌면을 흰색 천으로 바뀌 달았다. 세월이 쌓이며
생긴 분위기가 꽃과 자연스럽게 어우러진다.

아틀리에에서 애용하는 작은 서랍장도 마찬가지로 일본산이며,
도장을 벗겨내 그 질감을 살린 것이다. "이렇게 하면 일본 특유의
느낌보다는 무국적 분위기가 나서 뭔가 신비로워요." 이것 역시
'DOUGUYA'에서 발견했다.

새것에 흠이 생기면 그 흠이 아무래도 거슬리게 되지만, 오래된 것이라면 그것은 또 하나의 멋이 되고 '한 사람이 살았던 증거'가 됩니다. '여기에서 살았다'라는, 사람이 영위해온 모양 그대로 감싸 안아주는 듯한 따스함이 흘러넘칩니다. 가령 꽃병의 이가 빠진 부분이나 유약이 벗겨진 모습처럼 오래되어 생긴 흔적들을 '어떻게 하면 잘 살릴 수 있을까?' 생각하면서 꽃꽂이를 하는 것은 또 다른 즐거움입니다. 시간이 흐르며 생긴 질감은 어딘가 부드러운 정취를 풍겨서, 식물과도 상성이 잘 맞는답니다.

지금은 직업상 많은 물건들에 둘러싸여 지냅니다만, 언젠가는 모두 깔끔하게 떠나보내고 다음 사람에게 넘기려 합니다. 유품이라고는 조악한 옷 두 벌뿐이었다는 마더 테레사처럼 저 자신의 마지막도 그러했으면 하고 있습니다만, 아직은 갈 길이 머네요.

앤티크에는 똑같은 것이 하나도 없습니다. 그래서 좋은 앤티크와의 만남은 언제나 일생에 한 번뿐인 기회입니다. 그렇기에 그 만남에 스토리가 생깁니다. 꽃도 마찬가지입니다. 오랜 기간 꽃과 함께하는 일을 하고 있지만, 그 해의 그 계절마다 똑같은 꽃은 단 한 번밖에 만날 수 없습니다. 그것이 그 자리에 있음으로써 주변의 분위기가 확 바뀌는…… 이러한 힘을 가지고 있다는 점에서도 앤티크와 꽃은 닮았습니다.

일기는 나에게 하는 질문

일기를 처음 쓰기 시작한 것은 지금부터 반년 전입니다. 이 일을 하며 제가 존경하던 분이 돌아가시면서 그분의 배우자 분을 찾아뵌 것이 계기가 되었습니다. 그곳에서 작고하신 분이 분주한 나날 가운데에서도 7년간 꾸준히 일기를 쓰셨다는 이야기를 들었습니다. 남편 분은 "아직 슬픔에서 헤어 나오기는 어렵지만, 남은 일기를 보면서 새삼스럽게 잘 몰랐던 아내의 민낯을 알게 되었고, 그것이 앞으로 나를 지탱해줄 힘이 될 거란 생각이 들어요" 하고 말씀하셨습니다. 그렇게 집으로 돌아오는 길에 저도 일기장을 샀습니다.

저의 일기는 자기 전 하루의 마지막에, 그날 있었던 일들을 간단히 적는 정도입니다. '이걸 왜 적을까?' 하고 저 자신에게 질문을 해보면, 그 답은 결국 '그 안에 숨겨진 나 자신을 대면하고 싶다'는 마음이 있어서입니다. 인터넷과 SNS가 발달한 요즘 시대에는 '나는 이런 사람이에요' 하고 자신을 밖으로 표출하는 쪽에 보다 많은 비중이 맞춰져있는 것 같아요. 그것도 때로는 용도에 따라 필요하다고 생각하지만, 저는 아무래도 잘 못하겠어요. 저는 무언가를 시작할 때 항상 그 이유를 깊게 생각하지 않습니다. 무엇을 하고 싶은지, 지금 어떻게 하고 싶은지, 제 마음이 두근두근 뛰는 쪽으로 직감을 가지고 나아가고 싶어요. 그리고 이런 저 자신이 무엇을 어떻게 느끼며 어떻게 살아가고 싶은지 매일매일 기록해두고 싶습니다.

'몰스킨' 일기장과 남편이 선물해준 'PILOT' 만년필.
"인생에는 온갖 일들이 일어나지만, 괴롭고 힘든 일도
발상을 전환해 '그 일이 있어서 결과적으로 다행이었다'
하고 받아들이며 살아갈 수 있었으면 좋겠어요."

지금은 아무래도 모든 직원들과 함께 'Atelier doux.ce' 일을 어떻게 진행해갈까, 하는 것이 제 하루의 대부분을 차지하고 있지만 이제부터는 조금씩 제 역할을 모두에게 나누어주고, 저 자신이 다시 한 번 스타트라인에 서서 꽃과 대면하는 시간을 만들어가고 싶어요. 그리고 언젠가는 흙을 만지며 꽃을 가꾸는 부분에서부터 꽃과 다시 만나고 싶습니다. 그것이 지금의 제 목표입니다. 그렇지만 지금 당장은 너무 바빠서, 가만히 내버려두면 안타깝게도 본래의 생각에서 벗어나버리는 경우가 정말 많아요. 그럴 때, 생각을 일기에 꾸준히 적어가는 것이 초심으로 돌아가는 수단이 되지 않나 생각합니다.

이런 생각들을 하게 된 것은 거의 최근입니다. 막 40대가 되었을 무렵까지는 '오늘 해야 할 일'을 아침에 적고, 그것을 하나씩 체크해나가는 식으로 살았습니다. 그렇지만 50대가 되고 보니 '해야 할 일'보다도 '하고 싶은 일'을 차례차례 실현해나가는 식으로 살고 싶어졌어요. 그러기 위해서는 항상 내가 '하고 싶은 것'을 머릿속에서 정리해두는 것이 좋겠다 생각했고요. '적는 것'은 미래로 이어지는 이정표입니다. 몇 살이 되든 뜻을 가지고, 꿈을 좇으며, 새로운 자신에게 도전하는, 그 준비를 해나가기 위한 것이기도 하다고 생각합니다.

'꽃도 편안해 보이면서, 꽃꽂이한 그 사람만의 표현이 나오는 깃이 가장 멋지다'고 말하는 다니 씨. 색깔이나 균형 잡힌 모양보다도 거기에 담긴 마음이 중요하다. 어떤 꽃꽂이를 하는지는 어떤 방식으로 사는지와도 닮아 있다.

05.　　　　　Flower　　　　　Tani Masako

도쿄에 상경했을 때 저금을 털어 마련한 필름카메라 '니콘FM2'. 이 카메라로 찍은 꽃 사진이 일로, 영업으로 이어진 것이 다니 씨 커리어의 시작이었다. 지금까지 곁에 두고 있는 파트너이다.

소품 작가 이소베 사치코 씨의 팥과 허브를 넣은 안대. 팥의 적당한 무게감과 산뜻한 향으로 이완 효과가 탁월하다. 피곤한 날이면 자기 전에 눈 위에 올려서 마음의 위안을 얻는다고.

마사지 선생님이 알려준 유기농 아로마오일. 피
부에 직접 바를 수 있는 것으로, 어깨 결림이나 화
상, 벌레 물림, 목 아픔 등 웬만한 것에 구급약 대
신 애용하고 있다.

꼬가 ·집에서 빌린민 ·되댄 는보기. 노인이 돠시
조금 의기소침해졌는데, 이것을 쓰기 시작하면서
글써를 읽는 것도 다시 즐길 수 있게 되었다. "펜
던트로 달고 다녀도 괜찮을 것 같아요."

집과 아블다에 사이의 녹음이 두성한 붕근길. 직
선거리의 주택가를 가로질러 가는 게 더 빠르지
만, 일부러 살짝 돌아서 마음에 드는 나무들을 바
라보고 계절마다 바뀌는 자연을 누리면서 다닌다
고.

Epilogue.

삶을

즐기는 것이

인생을

풍요롭게 물들인다

각 분야에서 왕성하게 활약하는 5명의 여성들이지만,

이야기를 나누어보면 본인 나름의 힘든 일이나

때때로 불안하고, 괴로운 나날들이 있었다는 것을 알 수 있습니다.

그 누구도 결코 슈퍼우먼이 아니지만,

괴로움을 정면에서 받아들이며 그것에 잠식되지 않고

인생을 긍정적으로 붙잡아가는 '건강함'이 인상적이었습니다.

그 건강함은 매일의 생활 속에서 차곡차곡 축적되어 생긴 것입니다.

"요리를 즐길 수 있는 사람은 인생을 즐길 수 있는 힘이 생긴다"고,

오하라 씨는 말합니다.

"꽃의 생명력을 접하면서 살아갈 힘을 얻는다"

다니 씨도 그런 말을 했지요.

일상의 즐거움, 풍요로움을

맛보려 하는 그 자세가

인생을 지탱하는 하나의 지지대가 된 것입니다.

방을 자기 나름대로 정돈하기도 하고,

신경 써서 멋을 부려보기도 하고,

자신의 몸을 다독이며 자연을 접하기도 하고,

늘 요리를 조금씩 연구해보는 등

'약간의 도전'과 '즐기는 것'을

꾸준히 쌓아나가는 것.

그것이 풍요롭고 아름답게 나이를 먹어가는

성숙의 과정이라는 것을 모두가 가르쳐주었습니다.

옮긴이 송혜진

서울대학교 국어교육학과를 졸업했다. 국어교사가 되기 위한 국어 공부를 하다, 아이들보다 책이 더 좋다는 결론 끝에 출판계에 뛰어들었다. 다양한 분야의 책을 기획하거나 번역, 편집, 교정교열하며 늘 책을 만들거나 글을 만지고 있다. 역서로는 《작은 생활》, 《틸다의 홈소잉》, 《더 기분 좋은 생활》, 《앞으로의 라이프스타일》, 《나무로 만든 그릇》 등이 있다.

앞으로의 라이프스타일 2

1판 1쇄 인쇄 2017년 1월 10일
1판 1쇄 발행 2017년 1월 16일

지은이   이시무라 유키코, 이누바시리 히사노, 시마다 스미코, 오하라 치즈루, 다니 마사코
옮긴이   송혜진
펴낸이   김기옥

실용본부장   박재성
편집   이나리, 류인경
영업   김선주
커뮤니케이션 플래너 손혜인
지원   고광현, 김형식, 임민진

디자인   스튜디오 고민
인쇄 · 제본   상지사 P&B

펴낸곳   한스미디어(한즈미디어(주))
주소 121-839 서울시 마포구 양화로 11길 13(서교동, 강원빌딩 5층)
전화 02-707-0337 | 팩스 02-707-0198 | 홈페이지 www.hansmedia.com
출판신고번호 제313-2003-227호 | 신고일자 2003년 6월 25일

ISBN 979-11-6007-107-8 13630